P. THOMAS HÄBERLE OSB

HELFEN UND HEILEN

P. THOMAS HÄBERLE OSB

HELFEN UND HEILEN

NP
BUCHVERLAG

Bibliographische Information Der Deutschen Bibliothek.
Die Deutsche Bibliothek verzeichnet diese Publikation in der Deutschen Nationalbibliographie; detaillierte bibliographische Daten sind im Internet über http://dnb.ddb.de abrufbar.

NP BUCHVERLAG
St. Pölten – Wien – Linz

www.np-buch.at
verlag@np-buch.at

Umschlaggestaltung: Anton Hauser
Druck: LANDESVERLAG Druckservice, Linz

ISBN 3-85326-145-0

VORWORT

Viel Leid liegt auf der Menschheit. Ist dies die ursprüngliche Absicht Gottes mit uns Menschen, daß er uns grundlos zum Kranksein, zum Leiden und letztlich — als unentrinnbares Schicksal — zum harten Tode bestimmt hat? Eine solche Annahme stünde aber dem Wort der Hl. Schrift entgegen: „Und Gott sah alles, was er gemacht hatte, daß es sehr gut war, und er segnete sein Werk."

Warum aber trotzdem der leidvolle Zustand des Menschen auf Erden? Wiederum müssen wir hinhören auf die Heilige Schrift, die uns vom Sündenfall der Stammeltern erzählt: „Durch den Neid des Teufels kam der Tod in die Welt." Gott hatte gesprochen: „Vom Baum der Erkenntnis dürft ihr nicht essen. In dem Augenblick, wo ihr esset, werdet ihr sterben." Die Schlange aber, der Teufel, der Lügner und Mörder seit Anbeginn, sagt: „Keineswegs werdet ihr sterben. Vielmehr werden euch die Augen aufgehen, ihr werdet Gut und Bös erkennen und ihr werdet sein wie Gott."

Unsere Stammeltern ließen sich verführen, und so traf sie Gottes strafende Gerechtigkeit: „Durch einen Menschen kam die Sünde, und durch die Sünde der Tod. In Adam haben wir alle gesündigt."

Blieb nun dieser Zustand für alle Zeiten so, wie er durch die Sünde und die nachfolgende, alle Nachkommen Adams und Evas erfassende Strafverhängung Gottes geworden war? Nein, kaum hatte Gott Gericht gehalten, verhieß er in seiner Barmherzigkeit den Erlöser. In der Fülle der Zeit wurde der Sohn des ewigen Vaters Mensch, im Wirken des Hl. Schöpfergeistes, von der allerreinsten Jungfrau Maria. Er nahm unsere Schwachheiten auf sich, lebte auf Erden und spendete Wohltaten.

Was die vier Evangelien von den Krankenheilungen Jesu erzählen, ist nur ein kleiner Ausschnitt aus dem Wirken unseres Heilandes und Erlösers. Und als die vom ewigen Vater bestimmte Zeit da war, brachte sich Christus für uns zum Opfer der Sühne dar. Das geschah am heiligen Karfreitag. Am heiligen Ostertag aber erstand unser Herr und Erlöser glorreich von den Toten, und 40 Tage später ging er heim zum Vater.

Die an Christus Glaubenden sind einbezogen in sein heiliges Leiden und Sterben, aber auch in seine Auferstehung. Und dies ist unser fester Glaube: am Ende der Tage wird auch unser Leib auferstehen und dem verklärten Leibe Christi gleichgestaltet sein.

Dann sind Leid und Tod für immer überwunden und „wir werden immerdar beim Herrn sein“.

Es ist heute Mode geworden, die Erzählung der Hl. Schrift von der Erschaffung des Menschen und dem Sündenfall in Abrede zu stellen. Man beruft sich auf die Ergebnisse der Erforschung der Menschheitsgeschichte. Man behauptet, die biblische Erzählung stehe in offensichtlichem Gegensatz zu den Feststellungen der Wissenschaft. Was wir bisher Sünde nannten, soll nichts anderes sein als „Entwicklungsrückstände".

Ich weiß, daß ich damit ein heißes Eisen anrühre. Aber die Frage ist wirklich brennend und verlangt eine verpflichtende Antwort. Denn wenn die Aussagen der Hl. Schrift nicht der Wahrheit entsprechen, ist unserem Glauben der Boden entzogen. Welches ist nun unser Vorgehen? Wir wissen, daß die Offenbarung Gottes an uns Menschen in der Hl. Schrift des Alten und Neuen Bundes niedergelegt ist, und daß die Offenbarung eine viel weitere Sicht hat als die rein menschliche Erkenntnis. Die irdische Wissenschaft betrachtet die den Sinnen zugängliche Welt; sie kann freilich durch die richtige Anwendung der Denkprinzipien auch den einen Gott, den Schöpfer und Weltenlenker erkennen, aber darüber hinaus tappt sie im dunkeln. Anders der Glaube: er setzt auf die Wahrhaftigkeit Gottes und dringt von der Betrachtung der irdischen Dinge zur übernatürlichen Wirklichkeit vor. Da diese unseren Sinnen nicht zugänglich ist, nennen wir sie aus unserer Sicht heraus „Geheimnis des Glaubens". Die Offenbarung hat also für die Menschen guten Willens mehr Glaubwürdigkeit als die Aussagen der Wissenschaft. Grundsätzlich stehen Glaube und Wissenschaft überhaupt nicht im Gegensatz zueinander. Wir wissen aber auch, daß die Aussagen der Hl. Schrift einem anderen Zwecke dienen als die der Naturwissenschaften.

Der Grund, warum wir die biblische Botschaft von der Erschaffung und dem Sündenfall des Menschen annehmen, liegt in der Menschwerdung des Sohnes Gottes. Von Jesus Christus aus geht unsere Schau in die Vergangenheit. Sprach unser Herr und Heiland nicht unmißverständlich vom Teufel, vom Fürsten dieser Welt, den hinauszuwerfen er gekommen sei? Und wenn moderne Schriftgelehrte die Tatsache der Ur- und Erbsünde leugnen wollen und behaupten, Christus habe nie mit einem einzigen Wort davon gesprochen, dann ist dieser Behauptung das Wort des Herrn aus Johannes 8,44 entgegenzuhalten: „Der Teufel ... war der Mörder von Anbeginn, und steht nicht in der Wahrheit, weil es in ihm keine Wahrheit gibt. Er ist der Lügner und der Lüge Vater." Diese Anspielung an die Verführung der Stammeltern im Paradies ist klar genug! —

Welchen Sinn hätte überhaupt das Leiden und Sterben unseres Herrn, wenn er es nicht als das Lamm Gottes auf sich genommen hätte, um uns von Schuld und Sünde zu erlösen? Bei allen Stationen seines Leidens und Sterbens finden sich Hinweise auf das verhängnisvolle Geschehen zu Beginn der Menschheit, wo er, wie der hl. Paulus sagt, als der „zweite Adam" gutmachte, was der erste Adam fehlte. „Ihr werdet sein wie Gott", hatte der Teufel gelogen. Jesus muß vor Pilatus die Anklage hören: „Er hat sich zum Sohne Gottes gemacht." — „Dornen und Disteln soll die Erde zum Fluche tragen", lautete Gottes Wort an Adam. „Christus trug diesen Fluch durch das Tragen der Dornenkrone ab“, sagte der hl. Basilius. — Und bedenkt man das Schlüsselwort zur Genüge, das unser Herr am Kreuze zum reumütigen Schächer sprach: „Noch heute wirst du mit mir im Paradiese sein“, so ist hier der Endpunkt der Zurückführung der Menschheit, von dem sie durch ihren Ungehorsam von Gott weggegangen war!

Bis aber der Tag der Auferstehung erscheint, ist unser Leib dem Gesetz der Vergänglichkeit unterworfen. „Der Tod ist der Sold der Sünde.“ Den Sinn des Todes kann der Ungläubige nicht erfassen. Wir aber haben die Antwort des Glaubens, und im Glauben steht auch die untrügliche Hoffnung der künftigen Auferstehung und Seligkeit. Der Tod übt also noch immer seine Herrschaft aus. Er kann plötzlich und gewaltsam kommen. Unsere Zeitungen sind täglich voll mit Nachrichten tragischer Unglücksfälle. Der Tod kann aber auch natürlich kommen. Die Kräfte des Menschen brauchen sich auf, das Herz versagt seinen Dienst und die Seele scheidet vom Leibe. „Der Geist geht zu Gott.“ Der müde Leib aber fällt der Verwesung anheim. Er ist Staub und kehrt zum Staube zurück. Der Tod kann aber auch vorzeitig eintreten, indem er durch eine Krankheit ein Menschenleben dem Ende zuführt. Es kann ein heftiges Fieber sein, das in wenigen Tagen das Leben auslöscht. Es kann auch ein langsames Siechtum sein, so daß der Tod als Erlöser von schwerem und peinvollem Leid erscheint.

Der Krankheit kann oft durch die ärztliche Kunst Einhalt geboten werden. Freilich ist damit der Tod des Menschen nur aufgeschoben. Nulla herba contra mortem – gegen den Tod gibt's kein Heilkraut. Es ist aber alles einzusetzen, daß ein Leben so lange wie möglich erhalten bleibt. Der Arzt, der eines Menschen Leben rettet, ist nach dem Priester wohl der größte Wohltäter und Helfer der Menschheit. Darum ist er aber auch an die Verpflichtung seines Amtes gebunden, wie es der Priester für die ihm anvertrauten Seelen ist!

Auf welche Weise kann nun einem Menschen die Gesundheit wiedergegeben werden? Die heutige Medizin stellt auf künstlichem Wege viele Heilmittel her. Gott hat aber auch die Natur mit vielen Heilkräften ausgestattet: die Erde spendet Kräuter und Früchte, und die vier Elemente Wasser, Feuer, Luft und Erde besitzen viele, zum Teil noch völlig unbekannte Heilwirkungen.

Die Tiere finden instinktiv das natürliche Heilmittel. Der Mensch hingegen muß die heilenden Kräfte der Natur erforschen und auf Grund der Erfahrungen das richtige Heilmittel finden.

Natürlich gibt es auch Krankheiten, deren Ursache ein seelisches Leiden ist. Hier helfen die natürlichen Heilmittel wenig. Jahrelange seelische Belastung kann einen Menschen schwer krank machen.

Leib und Seele sind Wesensteile des Menschen. Beide beeinflussen sich gegenseitig. Sehr oft findet ein Mensch sein Gleichgewicht wieder, wenn er sich offen aussprechen kann. Die Ohrenbeichte ist ein unermeßlicher Segen für den Menschen, der durch ehrliches Bekenntnis seine Seelenruhe wiederfindet. Sie ist mehr als nur eine Aussprache unter vier Augen.

Krankheiten können also mit natürlichen und künstlichen Mitteln behoben werden. Es gibt für einzelne Fälle auch Heilung oder wesentliche Besserung durch Suggestion, Hypnose oder Magnetismus. Doch sind diese Heilmethoden noch lange nicht genügend erforscht, und ihre bleibende Wirkung ist nicht gesichert. Meines Erachtens muß doch die überwiegende Anzahl der Krankheitsfälle durch die erprobten Heilmittel der Medizin erfolgreich behandelt werden. Aber auch bei der Behandlung mit bewährten Medizinen ist ein seelisches Moment nicht außer acht zu lassen, und das ist die Person des Arztes. Wo der Patient zu seinem Arzte Vertrauen hat, geht die Heilung viel rascher voran. Der Mensch ist eben keine Maschine, die bei Behebung des Schadens wieder tadellos funktioniert, sondern ein Wesen, das eine feinfühlige Behandlung verlangt.

Es gibt aber auch ganz merkwürdige Krankheiten, die der Kunst auch des erfahrensten Arztes spotten. Es liegt auf der Hand, daß bei solchen Krankheiten das Einwirken außernatürlicher Kräfte vermutet wird. Ein böser Mensch kann eine Familie nachteilig beeinflussen. Wir können die Möglichkeit dunkler Machenschaften grundsätzlich nicht in Abrede stellen. Es gibt sie! Sie schrumpfen aber bei kritischer Überprüfung auf einen minimalen Bruchteil zusammen. Dort, wo ein lebendiger Glaube herrscht und wo die Gottesliebe lebt, wird man überhaupt kaum von solchen Dingen hören, geschweige denn, sie in Wirklichkeit feststellen.

Aus all dem Gesagten wird nun der Sinn meiner Schrift klar. Aus langjähriger Erfahrung als Lehrer, Seelsorger und Ratgeber in vielen Leiden kann ich wichtige Beobachtungen zur Sprache bringen.

Ich möchte nun nicht, daß diese Erfahrungen verlorengehen, sondern vielen Suchenden wertvolle Hinweise vermitteln. Wir müssen es bedauern, wenn bewährte Helfer dahingeschieden sind, ohne daß sie ihre Erfahrungen schriftlich festgehalten haben. Spätere Generationen müssen dann wieder mühsam auf neuem Grunde aufbauen. Überdies ist mir das Ausüben der diesbezüglichen Tätigkeit derart erschwert worden, daß ich praktisch kaum mehr etwas tun kann. Möchten andere, deren Hände nicht gebunden sind, aus meinen Erfahrungen lernen und zum Nutzen und Segen vieler Hilfesuchenden beitragen. Von denen, die bereits Hilfe fanden, werden sich nicht wenige aus meinen Darlegungen Rat holen und erfolgreich selber eine Kur unternehmen können, sofern es sich nicht um schwerwiegende Fälle handelt, die unter Kontrolle des Arztes gehören.

Schon meine Mutter selig zeigte ein reges Interesse an der Naturheilkunde. Sie besaß selber mehrere Kräuterbücher, kannte Pfarrer Kneipps Heilmethode und experimentierte mit uns Kindern viel in gesunden und kranken Tagen. Sie war eine kluge Frau, die ihr Wissen zu vermitteln verstand, und die Erinnerung an ihre Erfolge prägte sich meinem Gedächtnis unauslöschlich ein.

Dies alles weckte in mir schon frühzeitig ein reges Interesse für die Naturheilkunde. Vier volle

Jahre durfte ich als Student an einer Klosterschule weilen, wo viel köstliche Freiheit und echter Familiengeist lebte. Ich konnte in dieser Zeit manches selber experimentieren. Besonders hatte es mir Pfarrer Künzles „Chrut und Unchrut“ angetan.

Einmal hatte ich bei einem Lustspiel die Hauptrolle bekommen, und ausgerechnet am Abend vor der Aufführung befiel mich Heiserkeit. Es wurde mir ein halber Liter Wein aus dem Klosterkeller bewilligt. Den Wein sott ich auf Pfarrer Künzles Rat 10 Minuten lang mit Bibernellwurzeln. Ich mußte mich nach jedem Schluck dieses schrecklichen Gebräus aufs Bett legen, aber anderntags hielt die Stimme durch!

In meinem Zimmer roch es nicht selten in schlimmster Weise nach Knoblauch und frischem Farnkraut. Einmal stopfte ich ein weißes Kopfkissen mit frischem Farnkraut voll, um besonders gut schlafen zu können. Ich tat zwar die ganze Nacht kein Auge zu, war aber am Morgen frisch wie nach einem ununterbrochenen achtstündigen Schlafe. Das Kissen freilich sah mit seinen grünen Flekken erbärmlich aus, so daß ich einen ernsthaften Verweis erhielt.

Ich trat im selben Kloster in den Bündnerbergen ein, und in den Fraterjahren sammelte ich selber manches Kraut und sott, sehr zum Ärger des Küchenbruders, vielerlei Tee.

P. Thomas Häberle OSB

ERSTE ERFAHRUNGEN

Als junger Pater wurde ich fast jeden Sonntag auf Aushilfe geschickt. Das Jahr 1947 wurde gewissermaßen mein Schicksalsjahr. Zehn volle Monate hatte ich ein Bergdorf an einer herrlichen Sonnenhalde zu betreuen.

Am Feste Maria Lichtmeß brach sich eine Frau in den Fünfzigerjahren den Oberschenkel und lag deswegen drei volle Monate im Spital. Als sie heimkehrte, besuchte ich sie alle vierzehn Tage und tat meine Pflicht als Geistlicher. Sie kam aber nicht zu Kräften, sondern wurde zusehends schwächer. Ende Juni des Jahres hatte sich ihr Zustand so verschlechtert, daß sie weder essen mochte, noch Schlaf finden konnte. Ihr Gesicht war gelb, der Unterleib aufgetrieben und die Beine waren stark angeschwollen. Da faßte ich mir ein Herz und sagte ihr, sie solle die vom Arzt verordneten Schwitzpillen weglassen und statt dessen alle Viertelstunden einen Schluck Hagebuttentee trinken. Denn so hatte ich einmal in „Salvia“, der von Pfarrer Künzle redigierten Zeitschrift, gelesen: „Beginnende Wassersucht kannst mit Hagebuttentee bekämpfen; wenns aber vom Saufen kommt, ist nichts mehr zu machen!“ Auch verbot ich der Frau strikte jeden Bohnenkaffee. Ich verschrieb ihr jeden Tag eine gehörige Portion Holdermus und vor dem Schlafengehen zwei Äpfel. Dann kehrte ich wieder ins Kloster zurück.

Dort erst kam mir die Schwere meines Tuns so recht zu Bewußtsein. Am nächsten Sonntag wagte ich keinen Schritt in jenes Haus. Aber 8 Tage später mußte ich doch hingehen, um mein Amt als Seelsorger auszuüben. Als ich in die Stube trat, saß die Frau freudestrahlend auf ihrem Kanapee und sagte: „Jetzt kann ich wieder schlafen und mag auch wieder essen. Das Schwitzen hat aufgehört." Tatsächlich sah das eine Bein bereits wieder normal aus. Nach zwei weiteren Wochen war die Frau vollends hergestellt und ging wieder ihrer gewohnten Arbeit nach. Nur ein leichtes Hinken mit dem einen Bein war ihr geblieben.

Freilich belehrte mich später der berühmte Kräuterheilkundige und Pendler Pfarrer Emmenegger in Maienfeld, ich solle in Zukunft nie mehr Hagebutten unvermischt geben, sie griffen sonst auf die Dauer das Herz an.

Vier Jahre später kam ich vom Kloster weg an einen nicht sehr großen Seelsorgeposten in einem bündnerischen Seitental. Die Kranken lagen mir auch dort ganz besonders am Herzen. Die Betreuung der Kranken ist ein wichtiger Teil der Seelsorge. — Es ist merkwürdig, daß mir die Vorsehung stets zur rechten Zeit das Richtige in die Hände spielte. Zuerst erhielt ich das große Heilbuch des Pfarrers Kneipp. Dann sah ich bei einem Mitbruder das Yogabuch des indischen Arztes Doktor Yesudian. Derselbe Mitbruder wies mich hin auf Camille Droz' Broschüre: „Das Kohlblatt und seine wunderbaren Heilwirkungen".

Ein seit frühester Jugendzeit anhaftendes Leberleiden samt seinen unangenehmen Folgen trieb mich zum Kuren, und siehe da, der Erfolg blieb nicht aus.

Bei den zahlreichen Krankenbesuchen bei jung

und alt sah ich nicht nur viele Arten von Krankheiten, sondern wurde selber immer mehr um Rat gefragt.

Der erste Fall, den ich mit Kohlblatt behandelte, war folgender. Ein Mann hatte ein lästiges Ekzem an der Hand. Der Arzt hatte mit Salben das Ekzem vom einen Ende der Hand zum anderen getrieben. Ich riet dem Mann, Tag und Nacht Kohlblätter aufzulegen. In zwei Wochen war das Übel gebannt.

Bei einem nächsten Fall kam eine verzweifelte Frau zu mir. Sie hatte einen hochroten Kopf, Arme und Beine aber waren eiskalt und zitterten. Nach Angaben des Pfarrers Kneipp handelte es sich hier um Hyperämie, eine Störung des Kreislaufs. Nach Kneipp verordnete ich 2–3mal täglich Fußwechselbäder, dazu das Lapidar Nr. 4 von Pfarrer Künzle. Nach einem Monat war die Frau geheilt.

Ich hatte auch Abbé Mermets Buch „Das Pendel" gelesen, ebenso P. Kunibert Mohlbergs „Briefe an Tschü". So wußte ich bereits einiges über den schädlichen Einfluß der unterirdischen Wasserläufe unter Schlafstellen. Eines Tages bat mich die Präsidentin des Müttervereines, einmal bei Frau Anna nachzusehen, es stehe nicht gut mit ihr. Diese Frau stand in der Mitte der Fünfzigerjahre. Sie zitterte, und Hand in Hand mit dieser Erscheinung trat ein merklicher Kräftezerfall ein. War es Krebs? Der Arzt war ratlos. Ich hatte einmal einem Buben im Religionsunterricht ein Coca-Cola-Hütchen abgenommen und dieses diente mir nun anstelle der Taschenuhr als Pendel. Ich ging in das Haus, wo die Frau wohnte und untersuchte es auf Wasserstrahlen. Es stellte sich heraus, daß die Frau just auf einer starken Wasserader schlief, die der Länge nach in etwa 20 m Tiefe unter dem Bette durchging. Dasselbe stellte ich beim Küchentisch fest, wo die Frau meist arbeitete.

Ich legte dort Bakelitteller unter das Bett und unter einen Teppich auf dem Boden. Nach einem Monat hatten das Zittern und die Schwäche ohne ein weiteres Medikament aufgehört!

Eine Frau bekam an einer Backe eine verdächtige Geschwulst. Der Arzt stach die Geschwulst auf, aber es kam weder Wasser noch Eiter zum Vorschein. Wiederum stand die Frage da: Krebs? Der Arzt schickte die Frau zur Untersuchung in ein Spital. Nach dreiwöchigen Proben waren alle Ergebnisse negativ und man riet der Frau zur Operation. Das wollte sie aber nicht, und nach Hause zurückgekehrt, klagte sie mir ihr Leid. Ich konsultierte Pfarrer Kneipps Heilbuch. Und dort stand: „Harte Geschwulste heilt man mit Auflagen von Eichenrindenabsud." Nachts legte die Frau nun ein feuchtes Tüchlein auf, das in Eichenrindenabsud getaucht worden war. Tagsüber betupfte sie damit immer wieder die Geschwulst. Nach 2 Wochen war die Geschwulst verschwunden.

Die betreffende Frau hatte einen neunzehnjährigen Sohn, der einen Karbunkel am Hals hatte, eingesäumt von sechs Eißen. Der Bursche hatte auch schon Temperatur und schlich wie ein zum Tode Verurteilter umher. Was tun? Seine Mutter hatte Vertrauen zu mir gefaßt und bat mich um Hilfe. Ich verordnete dem Burschen strenge Bettruhe und veranlaßte seine Mutter, morgens, mittags und abends immer wieder frische Kohlblätter aufzulegen. Die Karbunkel brachen auf und verbreiteten einen fürchterlichen Geruch. Nach 3 Wochen aber war das Übel behoben und kehrte nicht wieder.

Ein alter Mann hatte sich am Schienbein eine schlimme Infektion zugezogen. Das Bein war stark angeschwollen und verfärbt. In zwei Wochen hatte das Kohlblatt alle eiternden Stoffe herausgezogen und die Wunde schloß sich wieder.

Ein schwerkranker Mann bekam eine Thrombose an einem Bein. Auch hier sah das Bein nach Kohlblattauflagen zwei Wochen später wieder normal aus.

Ich muß aber gestehen: es mochten ebenso wie das Kohlblatt auch die Spritzen des Arztes geholfen haben.

In einem Fall brauchte man meine Hilfe nicht. Da rief mich eine Mutter zu ihrem angeblich schwerkranken Buben. Sie erzählte mir voller Besorgnis, daß der Bub zu allem auch noch Blut im Urin habe; er müsse wohl sterben! Ich betrachtete den Inhalt des Nachtgeschirrs und fragte, ob der Bub kürzlich Randen (rote Rüben) gegessen hätte. Die Frau bestätigte meine Vermutung! In diesem Falle brauchte der „Patient" keine Medizin!

In einem anderen Fall, wo eine Mutter bewegt klagte, daß mit ihrem Buben etwas nicht geheuer sei, er müsse wohl sehr krank sein, er bekomme ständig Schwindelanfälle, klärte sich die Sache bald auf, als herauskam, daß der Junge täglich bis zu zwei Päckchen Zigaretten rauchte ...

So gingen 12 volle Jahre im abgelegenen Bergtal dahin, wo ich mit dem Volke Freud und Leid teilte, den Wechsel der Jahreszeiten in Gottes freier Natur erleben durfte, im Winter die Kälte, im Sommer die Hitze. Ich kümmerte mich um die vielen Nöte der Erdenpilger, taufte die angekommenen Erdenbürger und bestattete die müden Erdenwanderer zur letzten Ruhe.

Dann rief mich der Gehorsam wieder auf einen Einzelposten in den östlichsten Zipfel des Schweizerlandes, wo das von Kaiser Karl dem Großen gestiftete Kloster des hl. Johannes des Täufers steht. Seit Mitte des 12. Jahrhunderts ist es ein Frauenkloster und ich hatte es als Spiritual und Verwalter zu betreuen. Nach 12 Jahren wäre ich gerne wieder zu meinen Mitbrüdern in mein Heimatkloster am jungen Rhein zurückgekehrt, und so fiel mir der Gang ins Münstertal nicht leicht. Meine gute alte geistliche Mutter aber tröstete mich: „Geh du nur, du bekommst nie soviel Gebet wie bei den Klosterfrauen." Und wahr war es, und ist es auch heute noch.

Als ich am neuen Bestimmungsort angekommen war, mußte ich bald feststellen, daß ich nie ruhig schlafen konnte. Nachts gab es immer schwere Träume und plötzliches Aufschrecken, obwohl ich jeden Abend nach dem Essen noch längere Zeit ins Freie ging. Immer träumte mir, ich sei in einem riesigen alten Gebäude. Ich irrte durch Zimmer und Gänge und fand keinen Ausgang. Da nahm ich mein Pendel und stellte eine starke unterirdische Wasserader fest, die schräg unter meinem Bett dahinfloß. Ich setzte drei dünne Bakelitteller ein, und nun schlief ich tief und ungestört, bis mich die Konventglocke noch vor 5 Uhr aus dem Schlafe rief.

Der Händler, der mir die Bakelitteller verkauft hatte, wollte wissen, wozu ich diese Katzenteller verwendete. Ich sagte es ihm. Da fragte er mich, ob ich nicht einmal nachsehen würde, seine Frau bekomme nachts immer so schreckliche Beinkrämpfe und leide an rasenden Kopfschmerzen. Wir legten Bakelitteller unter das Bett, die Krämpfe verschwanden und auch das Kopfweh wurde erträglich. Der betreffende Händler war zugleich Wirt, und da in einem Wirtshaus immer das Neueste verhandelt wird, sprach sich die Sache bald herum.

Es kam eine Mutter mit einem zwölfjährigen Buben, der jede Nacht schrie und im Bette aufsprang. Der Fall trotzte der Kunst des Arztes, der lediglich eine Herzstörung feststellte. Ich untersuchte das Haus, wo der Bub daheim war. Unter seinem Bett floß in 18 m Tiefe eine starke Wasserader, nicht weit von der Lage des Herzens. Ich setzte zwischen die Matratzen einen gewöhnlichen Kupferring von 28 cm Durchmesser ein, und von jenem Tag an hatte der Bub seinen gesunden, festen Schlaf.

Ich lernte auch Feriengäste kennen. Und hier bekam ich einen besonders interessanten Fall. Ein Herr, ungefähr 50 Jahre alt, wurde mir vorgestellt. Er litt an Knochenabbau und der ihn behandelnde Arzt hatte ihm gesagt: „Ihr Fall ist unheilbar, sie müssen in einem Jahr mit Ihrem Ableben rechnen!" Dasselbe sagte ihm auch ein Spezialist in München, den er aufgesucht hatte. Auch dieser konnte ihm keine Hoffnung machen; zusätzliche Vitaminspritzen könnten den Zerfall höchstens einige Wochen aufhalten.

Der Fall interessierte mich. Wenn ich eine Pendeluntersuchung anstelle, befolge ich die Ganzheitsmethode, die auch Pfarrer Kneipp, Pfarrer Künzle und Pfarrer Emmenegger anwandten. Ich befasse mich mit dem ganzen Menschen und beschränke mich nicht auf die Untersuchung kranker Organe allein.

Ich stellte im besagten Falle eine vollständige Verschleimung der Lunge und der beiden Brustfelle fest. Nun war mir klar, wo der Knochenabbau herkam: Der Mann litt an starkem Sauerstoffmangel. Ich verordnete nachts und morgens kräftige Einreibungen mit Olivenöl, nachts Auflagen von Kohlblättern auf die Brust und täglich einen zweistündigen Spaziergang, ohne dabei zu schwitzen. Auch empfahl ich täglich eine gehörige Portion Haferflocken in zusagender Weise. Nach einigen Tagen erschienen auf beiden Seiten starke Ekzeme, die in zwei Wochen wieder abklangen. Nach drei Monaten bekam ich die Nachricht, daß der Knochenabbau aufgehört habe und der Herr bereits wieder zu 80% arbeiten könne. Nach zwei weiteren Monaten war er vollständig geheilt. Es sind nun beiläufig 5 Jahre her und der betreffende Herr arbeitet wieder wie in seinen jungen Jahren ...

Allmählich meldeten sich auch Ratsuchende aus dem benachbarten Südtirol. Eines Tages erhielt ich Nachricht von einem zweiundsechzigjährigen Herrn, der am linken Bein an Arterienverschluß litt. Er mußte ständig liegen und die Ärzte verlangten dringend die Amputation des absterbenden Beines.

Er wollte das nicht und wandte sich an mich. Als Ursache seiner Erkrankung stellte ich Störungen durch eine unterirdische Wasserader fest. Wir setzten zwei Kupferringe ein, einen unter die Halsgegend, den anderen unter die Kniegegend. Ich ließ das kranke Bein morgens und abends von oben bis unten in Kohlblätter einwickeln. Drei Monate lang erhielt ich keine Nachricht. Dann trat der Mann eines Tages unerwartet in mein Büro. Freudestrahlend sagte er mir: „Hochwürden, mein Bein ist wieder gesund! Schauen Sie her!“

Zwei Monate später kam derselbe Herr mit seiner Frau zu mir. Auch sie klagte über Beschwerden. Ich fragte ihn beiläufig, wie es mit seinem Bein gehe: „Es geht mir nicht übel, aber die Zehen werden mir wieder kalt.“ Der Mann hatte die Kupferringe entfernt, setzte sie aber über mein Anraten sofort wieder ein. Wieder vergingen zwei Monate und der Mann erschien erneut in meinem Büro. „Aber jetzt, Hochwürden, beginnt es wieder von neuem, und zwar oben am Bein.“ Ich pendelte und fand lediglich eine Muskelzerrung. Da platzte der Mann heraus: „Ja, Hochwürden jetzt weiß ich, warum! Ich bin letzthin vor lauter Freude über den Tisch gehüpft, daher kommt es!“ Er massierte die schmerzende Stelle zwei Wochen lang mit Olivenöl und geht heute wieder umher wie ein Junger!

Noch einen der interessantesten Fälle, die ich erlebt habe, möchte ich erzählen. Eine Mutter mit einem 9 Monate alten Knaben kam zu mir und sagte: „Der Bub schreit tags und nachts, die Ärzte haben bereits einen Gallengangverschluß operiert, sie können nicht mehr helfen, das Kind muß sterben." Ich untersuchte das Kind mit dem Pendel. Als Hauptursache stellte ich eine Wasserader fest, welche die verhängnisvollen Störungen verursachte. Ich fertigte selber zwei Kupferringe von 8 cm Durchmesser an und ließ sie an Ort und Stelle im Bettchen des Kindes einsetzen. Weiter meldete das Pendel eine starke Entzündung am Kleinhirn. Die Mutter bestätigte: „Tatsächlich fährt der Bub mit dem Händchen immer gegen den Nacken!" Die Frau mußte nun auf meine Anordnung dem Kinde vier Wochen lang morgens und abends Kohlblatt auf den Nacken auflegen, oder wenn das an einem Tag aus irgendeinem Grunde nicht möglich war, an diesem Tag den Nacken des Kindes am Morgen zwei Minuten lang mit reinem Olivenöl einreiben und dann abtrocknen. Weiters verschrieb ich dem Kinde Haferschleim, damit es zu Kräften komme. Auch für die Gallengegend empfahl ich Kohlblattauflagen.

Nach sieben Wochen erschien die Frau wieder bei mir. Sie dankte bewegt. Ihr Kind war gerettet!

Hier war kein Wunder geschehen. Wohl hatte ich das kranke Kind im Gebet empfohlen, aber es wurde behandelt mit rein natürlichen Mitteln, die ihre Zeit zur vollständigen Heilung brauchen. Gott aber gebührt die Ehre, weil er zur rechten Zeit das richtige Heilmittel finden ließ!

VOM PENDELN

Das waren einige unter vielen Heilerfolgen.

Mit diesen einleitenden Worten habe ich auch den Werdegang meiner Pendlerei erzählt. Um der Wahrheit Ehre zu geben, muß ich aber gestehen, daß auch ich nicht in allen Fällen helfen konnte. Einerseits betrifft dies schwierige Patienten, die von einem Arzt zum anderen laufen und deshalb auch nicht gesund werden, oder Patienten, die mehr darauf ausgehen, Erbarmen zu wecken, als sie den Willen haben, gesund zu werden. Andererseits weiß Gott allein, warum in einer Anzahl von Fällen keine Heilung kommen durfte, obwohl die Bereitschaft zum Heilen und zum Gesundwerden von seiten des Arztes und des Patienten vorhanden war. Es wird wohl seine Richtigkeit damit haben, daß kein Fleisch sich rühme gegen den Herrn, wie der hl. Paulus sagt, und daß durch ständige Erfolge kein Selbstvertrauen heranwächst, das der Seele zum Verderben werden könnte.

Als ein wichtiges Ergebnis aus meiner bisherigen Arbeit muß ich unbedingt die Tatsache nennen, daß eine ganz bedeutende Anzahl Kranker ganz anders auf die Medikamente reagiert, als die Indikation besagt. Es muß also auf eine Vielzahl von Faktoren achtgegeben werden.

So fällt einmal ins Gewicht, wie ein Medikament auf den Gesamtorganismus einwirkt; hernach, ob es den erkrankten Organen hilft oder nicht. In kritischen Fällen, wo es sich um die Rettung eines gefährdeten Lebens handelt, wird man schädliche Nebenwirkungen in Kauf nehmen müssen. Anders aber bei Krankheiten, wo keine unmittelbare Gefahr besteht.

Bei den Bluttransfusionen wird der Tatsache verschiedenartiger Reaktion Rechnung getragen. Warum geschieht dies nicht in bezug auf die Medikamente, die oft Allergien verursachen, z. B. das Penizillin? Der Arzt hätte hiezu ein sehr einfaches Mittel zur Hand: das Pendel! In kritischen Lagen könnte man ohne weitere, zeitraubende Untersuchungen zu einem schlüssigen Resultat kommen. Ein seriös gehandhabtes Pendel ließe sicher viele Fehlschlüsse und gefährliche Experimente vermeiden!

Ein kranker Mitbruder bat mich einmal, mit dem Pendel seine Herzkrankheit zu bestimmen. Ich tat es anhand eines einfachen anatomischen Systems und zeichnete genau die kranken Stellen an. Als ich ihm das Resultat meiner Untersuchung mitteilte, sprang er auf und sagte: „Jetzt hast du in 10 Minuten genau dasselbe herausgebracht, was die mich behandelnden Ärzte nach langem Testen in 3 Monaten gefunden haben!"

„Das Pendel lügt nicht", so sagt der „König der Pendler", der 1939 verstorbene Abbé Mermet aus Genf.

Warum bestehen so viele Vorurteile gegen das Pendel? Einmal macht es den Eindruck des Ungewohnten, ja des Magischen. Nicht wenige Leute betrachten es als eine richtiggehende Zauberei. Andererseits hört man auch immer wieder, wie Pendler, die sich mit großen Worten anpriesen, jämmerlich versagten.

Hier ist einmal zu bemerken, daß es wirklich Leute gibt, die sich im Pendeln versuchen, obwohl sie dazu nicht kompetent sind. Sie verfügen nicht über genügende Kenntnis der menschlichen Organe, sie sind auch nicht bewandert in der psychophysischen Anlage des Menschen. Weiterhin fehlt ihnen die Gabe des Kombinierens, also die Fähigkeit, Zusammenhänge zu entdecken, Erscheinungen zu deuten und auf ihre wirklichen Ursachen zurückzuführen. So bringen sie durch ihre primitiven Praktiken das Pendel in Mißkredit.

Es gibt aber auch Leute, die wohl zum Pendeln fähig wären, es aber in Verruf bringen, weil sie mit ihrer Begabung möglichst rasch und möglichst viel Geld verdienen möchten.

Und wiederum wird das Pendel mißbraucht zum Feststellen von Dingen, die dem Menschen verschlossen bleiben. So soll der Pendler die Zukunft voraussagen können, er soll verborgene Schätze aufspüren helfen, oder er soll sagen können, wer einer Person schade, u. a. m.

Andererseits aber geht der Verdacht um, daß das Pendel mit dem Teufel in Verbindung stehe. Doch dies ist absurd. Der Teufel kann sich natürlich, sofern es die Menschen selbst wünschen, überall einmischen. Aber das seriös gehandhabte Pendel hat nichts mit dem Teufel zu tun. Es fällt immer wieder auf, wie Geistliche mit dem Pendel arbeiteten und es zu großen Erfolgen brachten. Ich brauche hier nur Abbé Mermet und Pfarrer Albert Emmenegger (verstorben 1967) zu nennen.

Man kann auch für das Pendeln das Schriftwort anwenden: „An ihren Früchten werdet ihr sie erkennen."

Wo durch die richtige Anwendung des Pendels nach jahrelangem Leiden ein Vater oder eine Mutter wieder zu frohen, arbeitsfähigen Menschen geworden sind; wo ein krankes Kind, das Jahre hindurch die Hauptsorge der Eltern war, wieder gesund wird; wo Leute ob der erlangten Hilfe Gott danken und ihm nachher umso eifriger dienen, dort ist der Teufel nicht mit im Spiele!

Es ist schon merkwürdig, wieviel Hexenglaube noch in vielen Volksteilen steckt. Da sind z. B. in einem Haus immer kranke Leute; in gewissen Ställen wird immer das Vieh krank. Da richtet sich sofort der Verdacht auf diesen oder jenen Menschen, der durch geheime Praktiken, durch Verhexung und Zauberei schaden könnte. Es ist der Glaube, daß sich Neid und Mißgunst mit dem Teufel in Verbindung setzen und auf diese Weise den Mitmenschen schaden könnten. Sicher hat der Teufel dort keine Macht, wo Menschen in Frieden miteinander leben und wo Gottes Gebote eingehalten werden. Ein glaubender Christ wird auch an das Schriftwort denken: „Ein zu Unrecht ausgesprochener Fluch hat keine Wirkung!"

Was unternimmt der Geistliche, der das Pendeln versteht oder die Wünschelrute betätigt, wenn ihn Leute bitten, Haus und Stall zu segnen, um schädliche Einflüsse zu bannen? P. Randoald Nußbaumer, OFM Cap, untersuchte die betreffenden, anscheinend verhexten Orte mit der Rute, stellte unterirdische Wasserläufe fest und empfahl, die Betten anderswo hinzustellen bzw. dem Vieh andere Plätze anzuweisen. So schaffte er vielen geplagten Leuten Ruhe.

Nicht wenige Leute halten das Pendel für einen Hokuspokus. Sie sehen nicht ein, wie man mit dem Pendel arbeiten könne; es sei so primitiv, daß es unmöglich so viel leisten könne. Und solange man das Wesen des Pendelns nicht kenne, würden sie dem Pendel auch nie glauben. Diese Einstellung ist unlogisch. Wer kann das Wesen der Elektrizität darlegen? Wir kennen bloß die Gesetze der Elektrizität. Trotzdem wird jeder vernünftige Mensch sich der Elektrizität bedienen! Dasselbe gilt beim Pendel. Mag auch die Forschung darüber noch in den Kinderschuhen stekken: Die Wirkung des Pendels, das Strahlungen aller Art aufnehmen kann, ist eine erwiesene Tatsache. Die Radioästhesie hat noch eine große Zukunft, doch kann sie nicht angewendet werden wie irgendein technischer Apparat, sondern es braucht dazu den lebendigen Menschengeist, der auf Grund ihrer Gesetze arbeitet. Dies ist freilich nicht allen Menschen gegeben, sondern nur solchen, die dafür ein besonderes Gespür und eine ausgesprochene Fähigkeit haben.

Grundsätzlich ist also das Pendel ein Werkzeug des Geistes, wenn ich auch nicht sagen kann, welcher Art die Strahlen sind, die es aufnimmt, und warum es sie in dieser Weise aufnimmt. Der Raum spielt dabei keine Rolle. Der Pendler kann sich mit irgendeinem Punkt auf Erden in Verbindung setzen und ihn wie gegenwärtig haben. Das sollte uns Menschen des Radio- und Televisionszeitalters gar nicht in Erstaunen versetzen. Wie im Falle von Radio und Fernsehen Sender und Empfänger ihre Rolle spielen, so sendet jeder materielle Gegenstand Strahlen aus. Diese Strahlen können empfangen, wahrgenommen und registriert werden. Der Pendler peilt die verschiedenen Gegenstände an und die dabei ihm entgegentretenden Strahlungen geben ihm die verlangten Hinweise.

Ich will mich nicht über das Wesen der Radioästhesie weiter verbreitern, sondern mich lediglich auf deren Anwendung auf den gesunden und kranken Leib beschränken.

Merkwürdigerweise spielt das Material des Pendels keine Rolle. Das Pendel arbeitet nur, wenn der Geist es fragt. Ohne Fragen schweigt es. Es ist also kein physikalischer Apparat! Ich kann also eher sagen, was das Pendel nicht ist, als was es in seinem inneren Wesen ist, und worauf es beruht. Wir sagen einfach: Das Pendeln ist eine Gabe, die Gott dem Menschen geschenkt hat, und nun soll der Mensch diese Gabe zum Wohle der Menschheit anwenden.

Dort, wo eine Person, die ihren Gesundheitszustand durch einen Pendeltest feststellen lassen will, persönlich anwesend ist, geht das Pendeln natürlich am leichtesten. Der Patient kann selber wichtige Hinweise geben, wo er Schmerzen hat und in welcher Weise er sich nicht wohl fühlt. In Abwesenheit des Patienten werden meist Fotos oder Schriftstücke vorgelegt, oder auch Gegenstände, die er getragen hat oder die mit ihm in Verbindung stehen. Doch dienen diese Gegenstände mehr zur Konzentration, als daß sie eine absolute Bedingung für ein erfolgreiches Pendeln wären. Ein begabter Pendler kann am Telefon einem Kranken sagen, was ihm fehlt. Er kann einen weit entfernt wohnenden Bekannten anpeilen und in groben Zügen dessen Zustand feststellen. Dies gelingt ihm teilweise auch auf bloße Schilderungen hin. Das Pendel verlangt jedoch ständige und intensive Konzentration. Wo diese Konzentration von seiten des Pendlers fehlt, versagt das Pendel.

Der seriöse Pendler muß sich darüber im klaren sein, wo seine Grenzen liegen. Es gibt Krankheiten, die er nicht heilen *kann*. Da muß er sich bescheiden und den Kranken sofort zum Arzt schicken. Es gibt auch viele eindeutige Fälle, wobei nur eine Operation Heilung bringen kann. Wenn ein Patient aus Angst davor hofft, beim Pendler Hilfe zu finden, muß dieser in Erkenntnis der Lage den Kranken abweisen, weil er sonst die Verantwortung für einen eventuellen Schaden oder sogar den Tod eines Menschen zu tragen hätte.

Anders liegt der Fall, wenn die Ärzte einem Patienten erklären, sie könnten nichts mehr tun, ihre Kunst sei am Ende, er sei unheilbar. Da darf unter Umständen der Pendler einen letzten Versuch wagen.

Indes sind die Möglichkeiten bei Krebskranken gering. Bei Metastasen besteht kaum die Möglichkeit einer Rettung. Vielleicht kann der Zerfall einige Zeit aufgehalten werden, mehr aber nicht.

Von besonderer Wichtigkeit ist folgendes: Wenn ein Arzt einem Kranken regelmäßig die richtigen Medikamente verschreibt und dieser sie auch regelmäßig einnimmt, scheint der Kranke gesund zu sein. In Wirklichkeit ist er es aber nicht. Zum Beispiel: Ein Diabetiker kann durch Insulinspritzen den richtigen Zuckerspiegel erreicht haben. Der Pendler könnte ihn also für gesund halten und ihm von weiteren Insulinspritzen abraten. Das könnte den Diabetiker in Lebensgefahr bringen!

Eines Tages kam ein Epileptiker zu mir. Er war der Pillen des Arztes überdrüssig geworden. Er fragte mich, ob diese Pillen gegen seine Anfälle wirklich nötig seien. Ich untersuchte ihn, konnte keine Epilepsie feststellen, doch der Schein trog: Der Arzt hatte die richtigen Medikamente verschrieben, welche die Epilepsie zwar nicht heilten, die Anfälle aber fernhielten. Das Pendel ließ sich also täuschen! Durch den Ausfall der Medikamente kam der Kranke in eine schwere Krise, und nur durch rasches Eingreifen des herbeigerufenen Arztes konnte das Schlimmste verhindert werden.

Was ergibt sich also daraus? Ist ein Kranker bereits in ärztlicher Behandlung, so muß der Pendler nach den Medikamenten fragen, die der Arzt verschreibt. Weiters muß er die Medikamente von den erkrankten Organen abstrahieren. Erst so ergibt sich das Krankheitsbild. Es ist klar, daß bei Epilepsie, bei schweren Nervenkrankheiten oder bei Diabetes der Arzt unbedingt das erste Wort hat. Dem Pendler stehen normalerweise nur langsam wirkende Naturheilmittel zur Verfügung. Mit diesen kann er wohl einiges zur Heilung oder zur Linderung des Übels beitragen; selber solche Krankheiten heilen zu wollen, liegt nicht in seiner Kompetenz, geschweige denn, daß er Krisen in solchen Fällen meistern kann. Hier sind also dem Pendler klar ersichtliche Grenzen gezogen.

Der Pendler muß sich auch bewußt bleiben, daß er sich wie jeder andere Mensch irren kann. Vielleicht ist er selber an einem Tage nicht richtig disponiert, oder er ist noch nicht richtig „angelaufen“, und so muß er besonders vorsichtig arbeiten. Meist klärt eine zweite Prüfung auf, was beim ersten Test übersehen oder nicht bemerkt wurde. Darum ist auch die persönliche Anwesenheit eines Patienten immer noch das beste, weil ihn der Pendler von Fall zu Fall fragen kann.

Es kann freilich geschehen, daß der Pendler eindeutig eine Krankheit feststellt, von der der Kranke noch gar nichts spürt. Was ist in einem solchen Falle zu tun? Manchmal stellen Leute den Pendler auf die Probe, indem sie ihm keine oder irreführende Angaben machen. Ein guter Pendler wird trotzdem das Wahre finden. Aber meist hat der Pendler zu einer minutiösen, stundenlangen Untersuchung nicht genügend Zeit, und so läßt er sich durch die falschen Angaben irreführen und stellt dann eine Fehldiagnose. Ist der Pendler voreingenommen, wird er keine objektive gültige Diagnose stellen können. Dies muß man beim Pendeln unbedingt wissen. Diese Tatsache stellt aber das Pendel genausowenig in Frage wie Fehldiagnosen einzelner Ärzte die ärztliche Kunst in Frage stellen. Es ist primitiv, mit irreführenden Angaben den Pendler nachher bloßstellen zu wollen.

Wenn ich von meiner Tätigkeit sprechen will, habe ich nicht nur die Erfahrungstatsachen mit dem Pendel darzulegen, sondern ich muß auch ein Wort sagen über meine gleichzeitige Tätigkeit als Geistlicher. Die Leute brachten mir als Priester und Ordensmann ein besonderes Zutrauen entgegen. Nicht selten endete ein Besuch mit einer pastoralen Aussprache. Wo Gewissenskonflikte oder Kummer eine Krankheit ungünstig beeinflußten, konnte so Leib und Seele Hilfe gebracht werden.

Natürlich können Gewissenslasten und seelischer Druck mit einer gründlichen und ehrlichen Aussprache erleichtert werden. Eine rein psychische Behandlung einer Krankheit, die als organisch diagnostiziert ist, führt aber nicht zu einem bleibenden Erfolg. Hier müssen die richtigen Medikamente das Ihrige zur gründlichen Heilung beitragen. Ich lege wohl einiges, aber nicht alles Gewicht auf psychotherapeutische Behandlung. Natürlich gibt es Krankheiten, die auf seelische Störungen zurückzuführen sind, aber weitaus die meisten Krankheiten rühren von Ursachen her, die außerhalb der Psyche des Patienten liegen. Sind zum Beispiel die schädlichen Wasseradern mit im Spiele, so wird die Psychotherapie zu keinem Erfolge führen.

Bei Bettnässerkindern zum Beispiel spielt die Psyche lange nicht die Rolle, wie heute oft das dramatisch ausgeführt wird. Wir werden später ausführlich darüber sprechen.

Es wird nun den Leser ganz besonders interessieren, wie ich eine Pendeluntersuchung anstelle.

Das Material des Pendels ist ziemlich gleichgültig. Es kann Metall, Kunststoff oder Holz sein. Das Pendel soll weder zu leicht noch zu schwer sein. Man dulde im Pendel keine schädlichen Elemente, wie etwa Quecksilber. Der Pendler könnte sich damit allmählich die Hand zerstören. Besonderes Material wird nur bei minutiösen Versuchen verwendet, die bei Krankheiten aber nicht in Betracht kommen.

Nun muß mir der Patient seine Personalien angeben. Stand und Beruf sind bei der Diagnose nicht unwichtig. Auch das Alter spielt immer eine gewisse Rolle. Hernach frage ich den Patienten nach seinen Leiden und Beschwerden. Ich muß auch wissen, ob er bei einem Arzt in Behandlung ist und welche Medikamente er regelmäßig einnimmt. Nun hält mir der Patient die Hand hin, wobei die Hand nach Norden weist, der Patient also südlich vor mir sitzt. Jetzt lasse ich das Pendel schwingen. Ich darf ihm ruhig den Anstoß Süd-Nord geben; das Pendel geht dann von selber in die Richtung, die es anzeigen muß. Ich durchgehe nun generell Kopf, Oberleib, Unterleib, Arme und Beine des Patienten. Hier mache ich auch gleich den Wasseraderntest. Wasseradern, auf denen der Patient regelmäßig schläft, beeinflussen ungünstig entweder das motorische oder das sensorische Nervensystem.

Nunmehr gehe ich nach dem von mir aufgestellten Schema den Kranken durch. Ich beginne beim Herzen; es ist die Mitte des Menschen. Dann verfolge ich die Zirkulation durch den ganzen Organismus. Ich frage das Pendel über Hals und Atmung. Eine ganz wichtige Untersuchung ist die des Blutes: Ich kontrolliere das Hämoglobin, die Leukozyten, die Blutsenkung, den Vitamingehalt, die Harnsäure, die Lymphbahnen, den Cholesterin- und Azetongehalt. Die Untersuchung des Blutes bietet gewissermaßen die Drehscheibe, von der aus verschiedene Krankheiten getestet werden können. Bei Störungen des Blutbildes frage ich zugleich nach Krebs, Tumor, Tuberkulose oder Toxinen. Auch will ich wissen, ob Gicht- oder Arthritisstoffe im Blut sind. Nachher durchgehe ich Leber, Galle, Nieren, Nebennieren, Ureter, Blase, Geschlechtsorgane und Drüsen. Als nächstes folgt die Untersuchung von Schilddrüse, Nebenschilddrüsen, Speiseröhre, Magen und Gedärmen. Hernach folgt die Prüfung der Bauchspeicheldrüse und die Beurteilung des Zuckerhaushalts. Auch die Milz darf nicht vergessen werden. Jetzt kontrolliere ich Großhirn, Kleinhirn und das Rückgrat. Dann folgt die Untersuchung der Knochen, der Muskeln und der Sehnen. Zuletzt wende ich mich den Sinnesorganen und den einzelnen Nervenzentren zu.

Habe ich die Krankheit festgestellt, suche ich auch das entsprechende Medikament. Die Krankheit stört die Süd-Nord-Schwingungen des Pendels. Das richtige Medikament korrigiert den Ausschlag wieder. So kann ich ohne langes Experimentieren dem Kranken ein Kräutermedikament empfehlen, das ihm wirksam hilft. Ich kann es ihm unter die Hand legen, aber schon die Vorstellung dieses oder jenes Medikaments oder Heilverfahrens im Geiste kann genügen.

Mit Hilfe des Pendels ist es auch möglich, jedes beliebige Medikament, sei es natürlicher oder künstlicher Herkunft, sowie die richtige Dosierung zu überprüfen. Das ist besonders wichtig, weil viele Leute auf gewisse Substanzen allergisch reagieren. Das Pendel gibt zuverlässig darüber Auskunft, ob ein Medikament günstig oder schädlich auf das Gesamtbefinden oder auf die einzelnen Organe des Patienten wirkt.

Nachdem ich nun dargelegt habe, wie ich beim Pendeln vorgehe, möchte ich auch sagen, was dabei nicht erlaubt ist.

Vor allem darf ich meine Grenzen nicht überschreiten. Es gibt Fälle, wo wirklich nur der Arzt zuständig ist. Hier darf ich nicht falsches Mitleid walten lassen.

Man hat mich wegen verschollener Personen gefragt. Möglicherweise kann ich feststellen, ob deren Herz noch schlägt. Für weitere Informationen erscheint mir das Pendel nicht zuverlässig genug.

Wenn man mich fragt, wo bei einer Wasserleitung die Bruchstelle sei, damit die Männer nicht allzulange suchen und graben müßten, läßt sich ein Versuch mit dem Pendel verantworten. Fragen nach dem Täter bei Diebstählen oder sonstigen Verbrechen beantworte ich mit dem Pendel grundsätzlich nie. Hier soll die Behörde ihres Amtes walten. — Oder dürfte ich in die innerste Seele eines Menschen eindringen wollen? Falls er sich unter dem Beichtsiegel aussprechen will, muß ich kraft meines Amtes zu Diensten sein. Nie aber darf ich bei einem Menschen geheime Sünden vermuten oder ihn gar zu einem Bekenntnis zwingen. Wenn es sich aber offensichtlich um einen süchtigen Trinker oder Raucher handelt, sage ich diesem unumwunden meine Meinung, daß er sich umstellen müsse. Und wäre ein armer Sünder vor mir, darf ich ihn nicht hart behandeln; wir sind alle Menschen, die, einer wie der andere, der unendlichen Barmherzigkeit Gottes bedürfen.

Des weiteren darf ich mich nicht als Wundermann oder Wundertäter bestaunen und verehren lassen. Das Pendeln ist eine natürliche Wissenschaft; seine Anwendung ist kein Charisma. Jede natürliche Gabe stammt von Gott, wir sind nur seine Werkzeuge. Gott ist immer der Geber des Guten, und Ihm allein gebührt die Ehre, wenn der Pendler Erfolg hat.

Und drittens darf ich bei aller Anwendung des kritischen, gesunden Menschenverstandes nie auf mein bißchen Menschenweisheit vertrauen. Ich muß mir nämlich bewußt sein, daß wir vor den Augen der Menschen vordergründig wirken. In Wirklichkeit stehen wir aber auf fremdem Boden. Pfarrer Künzle bekannte einmal, er habe mit dem Krankensegen mehr Kranke geheilt als mit allen seinen Heilkräutern. Die Kirche kennt auch die Kräutersegnung und die Segnung der Medikamente. Diese Segnung ist auch jetzt in unserem Zeitalter nicht überholt.

Auch das Gebet für die Kranken kommt uns zu Hilfe. Das Pendel hat mit dem Charisma der Krankenheilung nichts zu tun, auch nichts mit dem Gesundbeten oder mit Magnetismus. Das Pendel arbeitet auf rationaler Grundlage. Dennoch muß das Gebet die Arbeit begleiten. Ich schließe denn auch täglich alle Kranken ins hl. Meßopfer ein, ich empfehle sie Maria, dem Heil der Kranken, ihrem Schutzengel und ihrem Namenspatron, ich empfehle sie der Fürbitte des hl. Erzengels Raphael, des hl. Evangelisten Lukas und der hl. Hildegard von Bingen, der ersten Ärztin Deutschlands. Und ich denke an das Wort eines der drei Kinder von Fatima, das ihnen Maria selber anvertraute: *„Die Ärzte hätten mehr Licht, wenn sie mehr beten würden.“* Und ich darf es meinen Lesern wohl verraten, daß ich hin und wieder eine hl. Messe für die Seelen der heimgegangenen Ärzte lese; sie sind mir gute und treue Helfer.

Daß ausgerechnet Geistliche es beim Pendeln zu meisterhaften Leistungen gebracht haben, wie z. B. Abbé Mermet, P. Kunibert Mohlberg und Pfarrer Albert Emmenegger, liegt auf der Linie das Father Brown, der legendären Figur des geistreichen Engländers G. K. Chesterton, der einem rationalistischen Zeitalter darlegen will, daß der Mensch, der glaubt, sich nicht auf dem Holzweg befindet, und daß das Christentum den Menschen nicht verdummt, sondern im Gegenteil in ihm Energien weckt, die ohne den Glauben nie aufgebrochen wären.

HEILMITTEL

Nach der Darlegung über das Pendel als solches möchte ich über meine Erfahrungen und Beobachtungen berichten. Ich werde meine Ausführungen nach Möglichkeit mit konkreten Beispielen belegen.

Man fragte mich öfters, was ich von den Ärzten halte. Ich habe persönlich eine große Hochachtung vor jedem tüchtigen Arzt und lasse mich nötigenfalls selber von einem Arzt behandeln. Ich behandle akute Krankheiten grundsätzlich nicht; diese gehören in die Hand des Arztes.

Anders ist es bei chronischen, nicht ansteckenden Krankheiten und Leiden, wo die ärztliche Behandlung keinen oder nur geringen Erfolg zeigt, oder wo die Ärzte überhaupt vor einem Rätsel stehen. Hier kann oft das Pendel in einzigartiger Weise Klarheit verschaffen.

Mit allem Nachdruck möchte ich davor warnen, sich zweifelhaften Heilpraktikern auszuliefern; ein seriöser Arzt weiß wesentlich mehr als Kurpfuscher oder Salbader, die sich mit spärlichem Wissen an Dinge wagen, für die ihnen Einsicht und Erfahrung fehlen. Andererseits sollten aber die Ärzte Naturheilkundigen gerecht werden, die auf Grund ihrer Erfahrungen vielen Menschen auf einfache und doch wirksame Weise helfen konnten.

Unterirdische Wasserläufe

Es gibt Dinge, wo Ärzte vor einem scheinbar unlösbaren Rätsel stehen. Da ist z. B. ein junger Mensch, der nachts nicht einschlafen kann. Oder, wenn er eingeschlafen ist, plagen ihn bald schwere Alpträume. Am nächsten Morgen verläßt er wie gerädert sein Bett, müde und abgeschlagen und ohne Arbeitslust. Er versucht auf Rat des Arztes Vitaminpräparate oder Herz- und Kreislaufmedikamente, aber ohne wirksamen Erfolg. Es zeigen sich auch Störungen im Nervensystem. Merkwürdig ist es, daß dieser geplagte Mensch wieder ruhig und traumlos schlafen kann, wenn er von zu Hause fort ist und erst dann wieder zu Kräften kommt.

Kaum ist er wieder zu Hause, beginnt das Elend von neuem.

Oder: in einem Haus oder in einem bestimmten Zimmer kann niemand schlafen. Es kann aber auch umgekehrt sein: jemand schläft zu Hause ausgezeichnet und fühlt sich wohl. Geht er in die Ferien, ist es aus mit dem ruhigen Schlafen, und die Ferientage werden zur Qual.

Es mag hin und wieder zutreffen, daß die Höhenlage einem Menschen nicht zuträglich ist. (Dies kann übrigens das Pendel feststellen, wie es auch von Fall zu Fall günstige oder ungünstige Orte ausfindig machen kann.) Die Höhe allein ist aber nicht entscheidend! In vielen Fällen liegt die Ursache der Störungen anderswo, natürlich abgesehen von jenen Fällen, wo Ferientage sich in Lärm, Rauch und Alkohol verlieren, oder wo sich Leute in leichtester Bekleidung stundenlang der intensiven Sonnenbestrahlung aussetzen.

Wo nämlich diese merkwürdigen Störungen vorhanden sind, ohne daß sich die Leute durch eine unvernünftige Lebensweise dazu selber disponieren, muß auf das Vorhandensein unterirdischer Wasserläufe geschlossen werden. Diese unterirdischen Wasserläufe befinden sich überall, besonders aber in Berggegenden. Im Schoß der Berge finden sich viele Quellen, die nie zu Tage treten. Sie fließen unterirdisch zu Tale und münden irgendwo in einen Fluß. Solche unterirdische Läufe können oft ganz beträchtliche Minutenliter Wasser führen. Zu Zeiten der Schneeschmelze und zu Regenzeiten sind diese Wasserläufe besonders stark und wirksam. Zu Trockenzeiten können sie mehr zurückgehen oder zeitweise sogar gänzlich versiegen.

Nach den gemachten Feststellungen können in Berggegenden unter einem einzigen Haus 2 bis 3 solcher Wasserläufe, oft nahe beieinander und in verschiedenen Tiefen, durchfließen. Das Vorhandensein solcher Wasserläufe zeigt sich am Äußeren des Hauses durch merkwürdige, sich baumartig nach oben verästelnde Risse. Größere Mauern, auch bei Straßenbauten, bekommen nach Jahren starke Ausbuchtungen, obwohl für den Abfluß des Schmelz- und Regenwassers alle Vorkehrungen getroffen wurden.

Ich habe selber einmal festgestellt, daß eine starke Wasserader im Verlaufe von 15 Jahren eine sehr solide Betonmauer von 25 m Länge um einen vollen Meter ausbog und schließlich sprengte! Es ist deshalb sicher ratsam, bei einem Hausbau den Grund durch einen Rutengänger oder Pendler begutachten zu lassen. Auf diese Weise kann viel Leid und Ärger erspart werden.

Bei langen Bauten, wie z. B. Hotels, oder bei beschränkt zur Verfügung stehendem Baugrund sollten der Architekt und der Baumeister die notwendigen und möglichen Isolationen gegen unterirdische Wasserstrahlen gleich von Anfang an in den Bau miteinbeziehen. Wenn die Isolation am Boden beginnt, ist sie durch das ganze Haus hinauf wirksam.

Außerordentlich wirksam zur Isolation der Ausstrahlungen von Wasseradern ist der von Quarzadern durchzogene Stein. Ich habe die Wirksamkeit des Quarzsteines besonders bei Viehställen festgestellt. Auch das Vieh kann nämlich krank werden, wenn es in einem Stalle mit unterirdischen Wasserläufen untergebracht wird. Wo ich daher in einem Stalle das Vorhandensein von Wasserläufen beobachten kann, empfehle ich, zuerst eine Lage von Quarzschotter aufzutragen und dann den Boden mit beliebigem Material zu dekken. So bleibt das Vieh gesund.

Häuser, die Bodenplatten aus Marmor haben, die von Quarzadern durchzogen sind, sind gesunde Häuser.

Wie isoliert man nun gegen unterirdische Wasserstrahlen, wenn die Bewohner bestimmter Häuser bzw. Räume diesen Strahlen schutzlos ausgesetzt sind? Viele Leute lassen Rutengänger kommen, die meist um das ganze Haus einen Schutzgürtel anlegen lassen. Doch habe ich in einer Reihe von Fällen festgestellt, daß eine solche Isolation nur die zunächst liegenden Flächen erfaßt. Als viel wirksamer erachte ich die Isolation an Ort und Stelle, d. h. jener Bodenflächen, auf denen die Menschen schlafen oder zumeist arbeiten. Das betrifft vor allem die Bettstellen und die Arbeitstische.

Wenn es mir nicht möglich ist, ein Haus an Ort und Stelle auf Wasseradern zu untersuchen, oder wenn man mir keinen Hausplan vorlegen kann, so mache ich den Wasseraderntest beim Patienten. Das Pendel zeigt nämlich in Fällen, wo jemand Wasserstrahlungen ausgesetzt ist, Störungen entweder im motorischen oder im sensorischen Nervensystem an. In solchen Lagen isoliere ich vor allem das Bett des Geschädigten. Man kann zur Abschirmung Bakelitteller unter das Bett legen, einen unter die Halsgegend, den anderen unter die Kniegegend. Doch ist nicht jedes Bakelit wirksam, sondern man muß es von Fall zu Fall prüfen. Plastikmaterial ist wirkungslos. Häufiger als Bakelitmaterial verwende ich Kupferringe.

Ich nehme dazu gewöhnlichen Kupferdraht von 1,5 bis 2 mm Durchmesser, den gewöhnlichen isolierten Lichtdraht, wie ihn Elektriker für die Lichtleitungen verwenden. Ungefähr 1 m Kupferdraht wickle ich so ein, daß der Kupferring 28—30 cm Durchmesser erhält. Dann lege ich zwei Kupferringe ein, den einen unter die Obermatratze bei der Halsgegend, den anderen bei der Kniegegend.

Auf diese sehr einfache und billige Art gibt es eine wirksame und andauernde Abschirmung der schädlichen Strahlen. Die beiden Ringe (in schweren Fällen sogar drei) sollen aber Tag und Nacht eingesetzt bleiben, da sie bei Neueinsetzung mehrere Stunden brauchen, um wirksam zu werden. Wie ich festgestellt habe, behalten die Kupferringe ihre Wirksamkeit auf Jahre hinaus.

Ich möchte noch auf folgendes aufmerksam machen: Man kann nicht wahllos Kupferringe einsetzen. Bei Kindern, besonders bei Kleinkindern, muß sehr vorsichtig vorgegangen werden. Bei Kleinkindern darf ein Ring kaum mehr als 8 cm Durchmesser haben. Hier muß der Pendler mit dem Pendel das zulässige und wirksame Maß von Fall zu Fall feststellen. Die Größe der Ringe richtet sich nach dem Alter des Kindes.

Des weiteren hüte man sich vor zuviel Kupfer. Dicker Kabeldraht kann das Gegenteil von dem erwirken, was beabsichtigt worden ist. Um ein Beispiel zu nennen: Zwei Frauen wollten es besonders gut machen; sie bestellten beim Spengler 2 Kupferbleche von 1×2 Meter, schoben die beiden Bleche unter ihre Betten, und die Folge war, daß sie nachts überhaupt nicht schlafen konnten!

Ein Kupferring von 30 cm Durchmesser isoliert in einem Radius von ca. 50 cm. Somit genügen in normalen Fällen 2 Ringe, um eine Schlafstatt zu isolieren. Stellt der Pendler den genauen Verlauf der Wasserader fest — die Ader fließt z. B. unter der Herzgegend — dann genügt ein einziger Kupferring unter der Herzgegend, doch haben zwei Kupferringe den Vorteil, daß sie gleichzeitig auf das Nervensystem einwirken und so zum Ausgleich beitragen.

Meines Erachtens wäre es ratsam, auf Reisen

immer zwei Kupferringe oder zwei Kupferplättchen von 20×20 cm mitzunehmen und sie nachts unter das Bett zu legen. So können einem eventuell vorhandene Wasseradern die Ferien nicht verderben.

Ich halte den Hinweis auf die unterirdischen Wasserläufe für außerordentlich wichtig. Es heißt nicht zu Unrecht, daß 15 % jener Menschen, die ständig auf Wasseradern schlafen, mit den Jahren Krebs bekommen. In solchen Fällen bewahrt eine richtige Isolation vor diesem Schaden.

Wenn von einem Kind gesagt wird, es gehe mit dem Wachstum nicht recht vorwärts, das Kind schlafe sehr unruhig und schreie nachts, dann sollte man auf jeden Fall eine Untersuchung auf Wasseradern vornehmen lassen. Ich habe manche solcher Fälle in Behandlung gehabt. Nachdem die Isolierung in der von mir empfohlenen Weise durchgeführt worden war, hörten die nervösen Störungen auf und das Kind entwickelte sich normal.

Bei nervösen Störungen Erwachsener, bei merkwürdigen Krankheitssymptomen, die der Arzt nicht erklären und nicht meistern konnte, verdichtete sich meist der Verdacht auf Wasseradern. Krämpfe, rasende Nervenschmerzen, Ängste oder Beklemmungen legten sich nach einer Isolation, so daß Medikamente nicht mehr nötig waren.

Auf Grund der erstaunlichen Erfolge mit dem Pendel hätten m. E. die Ärzte die Pflicht, diese zur Kenntnis zu nehmen und im Interesse ihrer Patienten von den Erfahrungen der seriösen und begabten Pendler Gebrauch zu machen, anstatt diese als Scharlatane hinzustellen und damit abzutun! (Siehe Anhang, Seite 151.)

Das Kohlblatt

Auf das Kohlblatt (Kabisblatt) bin ich aufmerksam geworden durch die Schrift des westschweizerischen Herboristen Camille Droz: „Die wunderbaren Heilwirkungen des Kohlblattes."

In dieser Schrift erzählt der Verfasser, wie viele, oft als unheilbar erklärte Krankheiten er in seiner mehr als 40jährigen Praxis mit Kohlblattauflagen habe heilen können.

Die Anwendung des Kohlblattes war schon den alten Römern bekannt. Und nicht wenige Ärzte bis in die Neuzeit hinein bezeugen die wirklich ans Wunderbare grenzende Heilkraft des Kohlblattes. Das Kohlblatt erzeugt oder fördert die Sekretion oder die Eiterung von Geschwüren, Bläschen, Pusteln und entzündeter Haut. Es erfaßt auch die von gesunder Haut bedeckten tieferliegenden kranken Gewebe. Die Heilkraft des Kohlblattes liegt nicht in der Absorption, sondern in der Affinität zu allen giftigen Säften im Körper. Das Kohlblatt neutralisiert also die eigentliche Ursache einer Krankheit und beseitigt deren Folgen. Es wirkt hochgradig desinfizierend und normalisiert die Körperwärme, sei es nun Fieber oder Untertemperatur.

Woher stammt die Heilkraft des Kohlblattes? Bei den verschiedenen Kohlarten, wie Weiß-, Rot-, Kraus- und Rosenkohl enthält der Kohlsaft unterschiedlich Stärkemehl, Pflanzeneiweiß, Harze, gummihaltige Extrakte, wasserhaltige und alkoholische Stoffe, K-Sulfat, K-Nitrat, Eisen, Magnesiumoxyd, Schwefel, Chlor, Phosphor, Magnesium und Zink. Die chemische Zusammensetzung erklärt einiges, aber nicht alles.

Die von Gott geschaffene Natur enthält Geheimnisse, welche eine materialistisch ausgerichtete Wissenschaft niemals zu enträtseln vermag.

Als ich nun das äußerlich so bescheidene, inhaltlich aber so wichtige „Kabisbüchlein“ von Camille Droz las, war ich vorerst skeptisch.

Ich fragte mich, wie es möglich sei, daß mit einem Kohlblatt derartige Heilwirkungen erzielt würden. Ich machte mich sofort ans Experimentieren, und siehe da: Die Erfolge blieben nicht aus! Einiges habe ich bereits erzählt.

Nicht mehr vergessen habe ich den Fall von Frau Theodora. Sie hatte anläßlich eines Marktes drei Tage lang in einem Restaurant Geschirr und Tücher gewaschen. Die scharfen Reinigungsmittel hatten an den Knöcheln der Finger ihre empfindliche Haut aufgerissen. Ich riet der Frau, morgens und abends auf die wunden Stellen Kohlblatt aufzulegen. Zwei Tage später hatte sich bereits überall eine neue, gesunde Haut gebildet!

Die Wirkungen des Kohlblattes sprachen sich überall herum, und eine Folge davon war, daß meine Pfarrkinder nun sehr fleißig Kohl pflanzten, nicht nur, um Sauerkraut zu machen, sondern auch, um mit Kohlblättern Gebrechen aller Art zu heilen.

Was Camille Droz in seiner Schrift über das Kohlblatt schreibt, habe ich selber in Hunderten von Fällen feststellen können. Einiges werde ich darüber im 4. Teil meiner Schrift darlegen.

Als ein Nachteil bei der Anwendung von Kohlblättern kommt die Mühe in Betracht, die sie bedingt. Vielleicht schreckt einige Leute der scharfe Geruch der Kohlblätter ab. Es gibt auch Patienten, die schon nach wenigen Tagen von den Anwendungen ablassen, weil das Kohlblatt angeblich sehr stark ziehe oder Ausschläge verursache. Ich frage mich, ob solche Bedenken nicht weniger ins Gewicht fallen als das Risiko einer Operation und die damit verbundenen Kosten für Spital- oder Kuraufenthalt. Wer seine Gesundheit erhalten will, soll einige Mühe nicht scheuen!

Falls, durch die Jahreszeit bedingt, Kabisköpfe nicht mehr erhältlich sind (heutzutage kann man frischen Kohl bis in den Frühling hinein erhalten), kann man sich auch mit Auflagen von ausgepreßtem Sauerkraut behelfen. Diese Auflagen sind ebenso wirksam wie die Auflagen von Kohlblatt.

Oft wird gefragt, welcher Art die Kohlblätter sein müßten. Ob denn nur Krauskohl in Frage käme? Wie ich festgestellt habe, sind alle Kohlarten wirksam: Krauskohl, Weißkohl und Blaukohl. Nur müssen sie frisch sein! Welke oder halbverdorrte Blätter wirken nicht mehr.

Wie legt man das Kohlblatt auf? Für diejenigen Leute, die Camille Droz' Schrift nicht zur Hand haben, gebe ich folgende kurze Anweisungen: Man löst die ganzen Blätter vom Stengel. Dann schneidet man die dicke Mittelrippe aus und wirft sie weg, sie ist untauglich und würde beim Auflegen schmerzen. Das restliche Blatt drückt man mit einem Wallholz oder mit einer Flasche flach, damit keine Blattrippen hervorstehen.

Hernach legt man die Blätter auf die kranken Stellen und befestigt sie mit einer breiten, elastischen Binde. Für große Flächen kann man die Blätter auch auf ein Tuch legen und sie so auflegen. Der gesunde Menschenverstand findet immer den richtigen Weg!

Die Kohlblätter sollen in der Regel morgens und abends gewechselt werden. Bevor man aber frisches Kohlblatt auflegt, müssen die Auflagestellen mit lauwarmem Wasser abgewaschen werden, damit die Haut nicht zu sehr gereizt wird. Die Blätter selber, die man auflegt, müssen vor dem Auflegen nur gewaschen werden, wenn sie auf offene Wunden kommen. Ob man sie kalt oder leicht angewärmt auflegt, ergibt sich aus dem Zustand des Patienten. Auf keinen Fall sollen die Blätter etwa gekocht werden!

Die Blätter, die man nach den Auflagen entfernt, dürfen in keiner Weise mehr verwendet werden, auch nicht als Tierfutter. Sie sind vollgesaugt mit Giftstoffen und gehören daher vernichtet.

Man muß auch folgendes wissen: Das Kohlblatt wirkt sehr radikal. Es kann vorkommen, daß es z. B. bei Krampfadern die blauschwarz gewordene Haut zuerst vollständig ablöst. Dann aber bildet es von selber wieder die neue Haut. Das Kohlblatt schließt auch nie eine Wunde, bevor diese nicht von allen Infektionsstoffen gereinigt ist. Es wäre also ganz falsch, eine fließende Wunde mit einer reinen Heilsalbe vorzeitig zu schließen. Irgendwo müssen eben die Giftstoffe heraus. Wo sich solche Giftstoffe ansammeln und die Glieder anschwellen lassen, muß zusätzlich zum Kohlblatt die innere

Behandlung einsetzen, vielleicht durch Nierentee oder Präparate zur Stärkung des Herzens. Auf diese Weise sind schon viele Heilungen zustande gekommen.

Olivenöl

Ein weiteres Heilmittel ist das Olivenöl. Ich bin darauf gekommen durch das berühmte Gespräch zwischen Papst Leo XIII. und Pfarrer Kneipp. Ganz beiläufig erwähnte Papst Leo, er wisse aus der römischen Geschichte von einem Kaiser, den die Ärzte wegen eines Leberleidens bereits aufgegeben hatten. Aber der Kaiser ließ sich nicht unterkriegen; er massierte die kranke Leber mit Olivenöl und rieb nachher noch Salz ein. So hätte er seine Gesundheit wiedergefunden.

Ich experimentierte daraufhin auch mit Olivenöl und zog dabei immer das Pendel zu Rate, genauso wie bei den Anwendungen von Kohlblatt.

Wo das Pendel nicht positiv reagiert, nützen natürlich auch Kohlblatt und Olivenöl nicht. Das ist besonders dann der Fall, wenn es sich um Krebs handelt und die Krebsstoffe bereits im ganzen Blut zerstreut sind. Man kann dann höchstens die Krankheit von einem Organ zum anderen treiben, aber Heilung kommt nicht mehr zustande.

Die Heilwirkung des Olivenöls ist bereits in der Hl. Schrift genannt. Der Barmherzige Samariter reinigte zuerst die Wunden des Mannes, der in die Hände der Räuber gefallen war, mit Wein. Dann goß er Öl in die Wunden, damit die Heilung rascher voranschreite.

Das Olivenöl wärmt und heilt. Bei allen rheumatischen Leiden helfen Einreibungen mit Olivenöl. Bei Ischiasnervenentzündung und bei Sehnenscheidenentzündungen soll man aber nicht massieren, sondern bloß einreiben. Nach den Einreibungen trocknet man das Öl wieder ab. Es ist zum Teil bereits reichlich in die Haut eingedrungen.

Das Olivenöl hat eine besondere Wirkkraft auf erkrankte Knochen. In drei, vier Tagen dringt es ins Innere der Knochen und heilt wirksam Entzündungen. Bei Rissen und Brüchen hilft es sehr zu einer raschen Verheilung. Ich habe in vielen Fällen in verhältnismäßig kurzer Zeit mit Olivenöleinreibungen auch Knochenmarkentzündungen heilen können.

Daher ist das Olivenöl besonders wertvoll bei Störungen im Inneren des Kopfes. Dort, wo weder Meißel noch Messer der Ärzte hinkommen, da kommt das Olivenöl hin. Daher die auffallend häufigen Heilungen von Kopfleiden, wie ich dies ausführlich in meiner zweiten Schrift „Raten und Retten“ dargelegt habe.

Das Olivenöl ist also eine der kostbarsten Gaben Gottes. Nicht umsonst wird es bei mehreren Sakramenten der katholischen Kirche als Materie verwendet. Weil es alles durchdringt, sogar den harten Stein, dient es zur immerwährenden Salbung und wird sogar zum Symbol des Wirkens des Hl. Geistes. So verstehen wir auch, weshalb der Patriarch Jakob den Stein, auf dem sein Haupt geruht hatte, am Morgen als Malzeichen aufstellte und mit Öl übergoß.

Ich verwende das Olivenöl meist in Verbindung mit der Anwendung von Kohlblatt. Nachts wird das Kohlblatt aufgelegt, am Morgen folgen die Einreibungen mit Olivenöl. Das ist in allen jenen Fällen das beste, wo tagsüber Kohlblattauflagen meist nicht in Frage kommen.

Man merke sich: Es soll das *kaltgepreßte* Olivenöl angewendet werden. Offen läßt sich dies aber nicht allzulange halten, es wird ranzig und bekommt einen unangenehmen Geruch. Äußerlich wird man es noch weiter anwenden können, doch ist frisches Olivenöl wirksamer.

Bei der Behandlung von Knochenerkrankungen möchte ich vor der Anwendung von Murmeltieröl warnen. Es mag seinen Dienst tun bei Erkältungen der Brust, darf aber niemals auf Knochen gebracht werden. Es scheint die Knochen aufzuweichen und zu zerstören. Das Olivenöl schadet den Knochen nicht, auch dann nicht, wenn es lange angewendet wird.

Arachidöl und Nußöl scheinen für die äußerliche Behandlung kaum eine Wirkung zu zeitigen.

Hat das Johannisöl als Grundstoff Olivenöl, dann ist es besonders wirksam.

Das Olivenöl hat noch eine andere, ganz besondere Eigenschaft, auf die ich nicht zuletzt die Ärzte aufmerksam machen möchte. Man kann mit Olivenöl den ÖLTEST vornehmen. Reibt man nämlich Olivenöl ein und trocknet nachher mit einem rauhen Tuch ab, so zeigen die kranken Stellen sofort eine starke Rötung. Zum Beispiel gibt das Olivenöl die Ausdehnung einer Lungenentzündung, einer Bronchitis oder auch eines einfachen Katarrhs an. Kranke Nieren scheinen auf durch rote Flecken, und nicht selten zeigt sich die ganze Niere in ihrer Bohnenform. Bei Leiden der Wirbelsäule zeigt das Olivenöl augenblicklich die erkrankte Region an. Knochenrisse und Brüche werden als rote Striche genau gezeichnet sichtbar.

Der Öltest kann also sehr wichtige Hinweise geben.

Vom Salz

Zu den großen Helfern der Menschheit gehört ohne Zweifel auch das Salz, sei es unser gewöhnliches, in den Salinen abgebautes Kochsalz, oder das noch wirksamere Meersalz.

Jener leberkranke römische Imperator, den Papst Leo XIII. zitierte, behandelte sein Leberleiden mit Einreibungen von Olivenöl und Kochsalz.

Bei rheumatischen Erkrankungen helfen in kürzester Zeit zuerst Einreibungen mit Olivenöl, hernach mit Salz. Die Haut wird dabei brennrot, zeigt also eine stark erhöhte Blutzirkulation an. Dabei entsteht Hitze, und — sofern es sich nicht um ein verschlepptes Rheuma handelt — das Leiden ist meist in 1 oder 2 Tagen behoben.

Nur möchte ich davor warnen, täglich Salz einzureiben, weil das die Nerven allzusehr reizen würde. Wie sehr das Salz die Blutzirkulation anregt, mag der alte Roßhändlertrick darlegen: Ein ausrangiertes Pferd wurde vor dem Gang zum Markt mit Salzwasser kräftig eingerieben, und einige Stunden lang gebärdete es sich wieder wie ein feuriges, junges Reitpferd . . .

Auch auf die Anwendung von Salzwasser lege ich besonderes Gewicht. Ein Salzwasserbad soll eine Temperatur von 37—38° Celsius haben. Das Quantum kann man nicht so genau bestimmen. Allzuviel Salz soll man nicht ins Wasser geben.

Das Bad soll normalerweise nur 2 Minuten dauern.

Für die Hände, Arme und Füße kann ein Salzwasserbad Wunder wirken. Ich wende es besonders bei Entzündungen der Sehnen an.

Große Heilkraft haben auch kalte Salzwasserwickel. Wo das Zimmer gewärmt ist, darf man diese Wickel immer anwenden, sonst besteht freilich die Gefahr einer schlimmen Erkältung. Vor allem bei älteren Leuten muß man besonders vorsichtig vorgehen.

Wo eine Grippe oder Influenza im Beginnstadium ist, richtet man am besten ein Becken mit kaltem Wasser her, löst etwas Salz darin auf, taucht dann zwei wollene Strümpfe in das kalte Wasser, drückt sie aus und zieht sie bis über die Knie. Darüber zieht man noch einen dicken trokkenen Strumpf und legt sich dann ins Bett. Am nächsten Morgen ist das Übel meist behoben. Diese Art von Wickeln empfiehlt sich ganz besonders, wenn niemand zur Hilfe anwesend ist. Wenn man in der Früh den Wickel entfernt hat, soll man die Beine mit lauwarmem Wasser waschen, nachher gut abtrocknen und warm halten.

Warum zum Beispiel laufen Mütter, wenn ihre Kinder Fieber haben, gleich in die Apotheke und holen Treupel und Zäpfchen, statt einen Salzwasser- oder Essigwickel zu machen?

Fieber

Bäder

Bäder gelten als eines der ältesten Heilmittel. Viele Leute sind der Ansicht, daß möglichst heiße Bäder das beste seien, um ein Übel zu beseitigen. Das mag vielleicht bei rheumatischen Erkrankungen der Fall sein, wo schädliche Stoffe herausgeschwitzt werden müssen. Ich bin jedoch, was heiße Bäder anbelangt, anderer Ansicht. Das lange Sitzen im warmen Wasser ist alles andere als gesund. Es greift das Herz an, es ermüdet und schwächt. Der so Badende fängt zu schwitzen an, und wenn er sich nicht gleich in ein vorgewärmtes Bett legt, erkältet er sich. Oder, wenn er sich ins Bett legt und sich nachher im Schlaf abdeckt, ist er am nächsten Morgen noch schlimmer dran als am Abend vorher. Nach dem Schwitzen kühlt sich der Leib nämlich ab, und wenn dann nicht für die nötige Wärme gesorgt wird, verursacht die Abkühlung neue Leiden.

Meines Erachtens ist es überhaupt ein Unsinn, Erkältungen mit gewaltsamem Schwitzen zu bekämpfen. Bei Erkrankungen der Atmungsorgane beispielsweise ist Bettruhe das beste Heilmittel.

Ich lege großen Wert auf Bäder; sie dürfen aber im allgemeinen nicht länger als 2 Minuten dauern. In 2 Minuten zeigt sich nämlich der optimale Effekt eines Bades. Auch dürfen die Bäder nicht zu warm sein. Bei Sehnenscheidenentzündungen verderben heiße Bäder mehr als sie nützen. Dasselbe gilt für Nervenentzündungen, wie z. B. Ischias (Hexenschuß). Bei Badezusätzen soll man besondere Vorsicht walten lassen.

Das Pendel kann von Fall zu Fall feststellen, welche Zusätze sich am besten eignen. Im allgemeinen wird Fichtennadel als Badezusatz bevorzugt. Fichtennadelextrakt kommt auch am meisten in den Handel. Doch verlangt gerade die Fichtennadel eine besonders genaue Anwendung. Ein Fichtennadelbad pro Woche mag angehen, tägliche Fichtennadelbäder strapazieren den Organismus. Leute, die sich nicht an diese Feststellung hielten, mußten es nachher büßen. Kurze, nicht zu starke Meersalzbäder können nicht schaden, auch Heublumen- und Kleiebäder nicht. Holzteer- und Eichenrindenbäder werden zumeist sehr gut vertragen. Wie bei der Fichtennadel ist aber auch bei Rosmarin, Lavendel und Schwefel Vorsicht am Platze.

Kneippbäder sind sehr heilsam. Sie müssen aber genau gemäß den Vorschriften des Pfarrers Kneipp angewendet werden. Wer diese nicht beachtet, kann einen gehörigen Schaden erleiden.

KRANKHEITSBEHANDLUNGEN

Bis jetzt habe ich vom Werdegang zum Pendler, dann vom Pendel selber und letztlich von einigen wichtigen Voraussetzungen gesprochen.

Nun will ich auf Einzelheiten eingehen und von der Behandlung hauptsächlicher Krankheiten berichten. Ein am Schluß der Schrift angefügter Index wird die Hinweise auf die Behandlung kranker Organe sowie die anzuwendenden Heilmittel enthalten, so daß der Leser sich leicht zurechtfinden kann.

Herzleiden

Das Herz ist gewissermaßen der Mittelpunkt des Menschen. Wenn es aussetzt und versagt, ist das Leben aus. Verallgemeinernd gesagt, ist das Herz dasselbe, was der Motor für eine Maschine ist. Das Herz ist ein Muskel. Ich möchte von einer anatomischen Beschreibung des Herzens absehen; die kann man in vielen Fachbüchern finden. Ich möchte hauptsächlich Krankheitsanzeichen deuten und die entsprechenden Heilungsmöglichkeiten angeben.

Vor allem muß ich nachdrücklich darauf hinweisen, daß schwere Erkrankungen des Herzens unbedingt unter die ständige Kontrolle des Arztes gehören, wie überhaupt die Behandlung aller schweren und lebensgefährlichen Erkrankungen dem Arzt zu überlassen ist. In diesen Fällen soll der Patient sich strikte an die Anweisungen des Arztes halten. Ganz besonders in kritischen Fällen können meist nur künstliche Heilmittel Rettung bringen. Wenn es also auf Leben und Tod geht, darf man die vom Arzt als notwendig verordneten Heilmittel nicht ablehnen.

Wenn sich jemand wegen Herzbeschwerden meldet, untersuche ich mit dem Pendel nacheinander Herzmuskulatur, Herznerven, Herzklappen und Herzkranzgefäße.

Wie ich beispielsweise einen
Herztest vornehme:

Vor mir hat ein Patient Platz genommen, der mir klagt, daß er vor einem Monat eines Nachts eine schwere Herzkrise durchgestanden habe. Es sei auf Leben und Tod gegangen. Er nehme noch immer die Medikamente des ihn behandelnden Arztes. Er fühle sich sehr matt und spüre immer wieder ein Herzstechen. — Ich lasse den Patienten südlich vor mich hinsetzen, so daß wir uns in Nord-Süd-Richtung befinden. Der Patient legt nun die Hand, mit Handrücken nach oben, flach auf den Tisch. Links von seiner Hand lege ich das Herzschema vor mich. Mit der rechten Hand führe ich das Pendel über die Hand des Patienten, mit der linken Hand halte ich beispielsweise eine Stricknadel aus Metall. — Zuerst abstrahiere ich im Geiste den Einfluß der Medikamente, die der Patient nehmen muß. Nun frage ich das Pendel: Herz? Das Pendel schwingt kreisförmig von rechts nach links. Ich frage weiter: Herzmuskulatur? Das Pendel schwingt Nord-Süd. Also fehlt's nicht an der Muskulatur. — Ich frage weiter: Herznerven? Das Pendel schwingt Nord-Süd. Ich frage: Herzklappen? Das Pendel schwingt Nord-Süd. Ich frage: Herzkranzgefäße? Das Pendel beginnt im Kreis zu schwingen. Nun fahre ich, mit der Abbildung des Herzens von hinten, mit der Nadel den rechtsseitigen Herzkranzgefäßen nach. Das Pendel schwingt Nord-Süd. Ich führe die Nadel den linksseitigen Herzkranzgefäßen entlang: jetzt schwingt das Pendel im Kreise. Hier sitzt also die

Entzündung der Herzkranzarterien. — Nun frage ich weiter: stammt die Störung primär vom Herzen? Nein. Die Störung kommt von außen.

Ich suche nun nach der Lage und der Art der Ursache dieser Herzstörung. Ich suche die Brustwirbelhöhle ab und erhalte den kreisrunden Ausschlag des Pendels in der 11./12. Brustwirbelhöhle. Ich frage: rechts von der Wirbelsäule? Das Pendel schwingt Nord-Süd. Ich will wissen: links von der Wirbelsäule? Das Pendel schwingt im Kreise. Nun zähle ich die Zentimeter: 1, 2, 3 . . . ? Bei Zentimeter 18 links beginnt das Pendel zu kreisen. Um sicher zu gehen, frage ich auch nach den Graden. Und zwar ist hierbei Grad 0 das Brustbein vorn und Grad 180 die Wirbelsäule hinten. Ich erhalte 150° links, vom Brustbein aus gerechnet. — Ich möchte die Tiefe der Störung feststellen. Ich zähle mental: 1, 2, 3? Das Pendel kreist bei 28 cm. — Ich möchte die Art der Störung feststellen. Betrifft es die Venen? Nein. Die Arterien? Sie sind nicht vergiftet, aber entzündet. Die Lymphbahnen? Sie sind vergiftet. Ist es eine Lungeninfektion? Ja. Ist es flüssiger Eiter? Nein. Diese Infektion verursachte damals die Herzkrise. — Nun möchte ich die Ausdehnung und die Dichte der Infektion feststellen. Wiederum frage ich nach Zentimetern. Höhe? 28 cm. Breite? 24 cm. Dick? 20 cm.

Ich zeichne nun dem Patienten anhand einer einfachen Skizze die Stelle an, die jetzt täglich 3 Minuten kräftig und reichlich mit Olivenöl einzumassieren und nachher abzutrocknen ist. Wenige Minuten nach dem Abtrocknen werde dort normalerweise eine starke Rötung erscheinen. —

Der Patient soll nun täglich eine gute Portion Haferflocken essen, in der Form, die ihm am meisten zusagt. Ich ermahne ihn aber, mit den Medikamenten des Arztes nicht schlagartig aufzuhören, sondern sie schrittweise, im Verlauf der 3 Monate, abzubauen. — In dieser Zeit sollten sich die Giftstoffe aufgelöst haben und durch das Blut zu den Reinigungsorganen weggetragen und ausgeschieden sein. Ich kann natürlich auch das Medikament durchpendeln, ob es als Gesamtes oder mit einzelnen Bestandteilen nützlich oder schädlich ist, und in der Tat habe ich zahlreichen Kranken in dieser Weise gute Ratschläge erteilen können.

Vom Einfluß unterirdischer Wasserläufe habe ich schon geschrieben. Motorische und sensorische Nervenstörungen zeigen mir die Störungen durch die schädlichen Wasserläufe an. Hier hilft das Einsetzen der richtigen Isolation in Form von Kupferringen oder Bakelit.

Nervöse Störungen des Herzens, unregelmäßiger Gang des Herzens, Wallungen, beheben wir am besten mit Pfarrer Künzles Herzlapidaren. Das Pendel stellt das wirksamste Lapidar oder sonstige Herzmittel genau fest. — Bei der Feststellung der Heilmittel spielt die subjektive Veranlagung des Patienten eine besondere Rolle. Es können sich Abweichungen von der Indikation des in Frage kommenden Herzmittels bis zu 30% ergeben! Das gilt im Grunde genommen für alle natürlichen oder künstlichen Herzmittel. Ein Arzt, der das Pendel zu handhaben versteht, könnte vieles lange Probieren sowie Mißerfolge vermeiden...

Die Großzahl der Herzleiden hat ihre Ursache nicht im Herzen; das Herz ist vielmehr durch eine anderswo liegende Krankheit überfordert. Hier hat grundsätzlich dann nicht der Herzspezialist das Wort, sondern der Internist. Mit der richtigen Behandlung der ursächlichen Krankheit bessert sich dann von selbst der Zustand des Herzens.

Wallungen, besonders bei Frauen in den Wechseljahren, gehen aus hormonalen Störungen hervor. Hier hilft am besten Pfarrer Künzles Frauentee Nr. 1/25, oder ein bewährtes Mistelpräparat. Übermäßiger Puls, bei völligem Fehlen von Fieber, weist nicht selten auf eine Erkrankung der Schilddrüse hin, sei es eine Überfunktion dieses Organes oder bereits die Basedowsche Krankheit. Wir werden davon im einzelnen bei der Behandlung der Schilddrüse sprechen.

Jemand hat einen Schlaganfall oder einen Herzinfarkt erlitten. Man prüfe die Nieren! Schlaganfall und Herzinfarkt haben in vielen Fällen ihre Ursache in einer Nierenvergiftung. Da müssen in erster Linie die kranken Nieren behandelt werden.

Wie komplex Erkrankungen des Herzens sein können, wie wichtig dabei die Gesamttherapie ist, möge folgendes Beispiel zeigen. Frau Lydia hatte schwere Atembeschwerden. Sie war fettleibig und die Beine schwollen gegen Abend stark an. Das Herz selber zeigte keine eigentliche Erkrankung. Die Nieren aber arbeiteten viel zu wenig. Nierentee und Einreibung der Nierengegend mit Olivenöl trieben viel Wasser ab. Trotzdem aber schwollen die Beine weiter an. Überdies war der Urinabgang wieder schwächer geworden. Eine neuerliche Untersuchung zeigte, daß der eine Ureter voll Grieß war. Haarlemeröl und Stechpalmentee machten den Wasserweg frei. Die Beine blieben aber weiterhin geschwollen. Rührte das Übel vielleicht von den trägen Fettdrüsen her? Frauentee und ein Abmagerungstee brachten wiederum nur wenig Abhilfe, wenn auch der Fettansatz sichtlich zurückging. Schließlich stellte das Pendel eine gewisse Herzschwäche fest. Da half dann endlich ein Präparat von Goldmelissen. Nun war der Ausgleich der Kräfte wieder hergestellt und Frau Lydia arbeitete wieder froh und ohne Atemnot.

Herz- und Kreislaufkrankheiten verursachen heute den Tod vieler Menschen. Daran ist nicht selten eine unvernünftige Lebensweise schuld, die den Tag zur Nacht und die Nacht zum Tage macht. Es sind auch dies Früchte der Prosperität und des hohen Lebensstandards.

Der Mensch gebraucht die Segnung der Zivilisation zu seinem Verderben. Für den kleinsten Gang, und sei es auch nur ein paar Häuser weiter, setzt er sich ins Auto. Damit spart er vielleicht etwas Zeit, kürzt aber gleichzeitig sein Leben ab. Der menschliche Organismus braucht wie Speise und Trank eine frische, gesunde, sauerstoffreiche Luft. Diese ist aber bereits durch Rauch und Abgase vergiftet. So wie heute das Wasser in Seen und Flüssen infiziert ist, daß man kaum mehr bedenkenlos ein Bad nehmen kann, so ist auch die Luft derart verdorben, daß ein Tiefatmen in solcher Luft höchst gefährlich werden könnte. Am frühen Morgen, wo Verkehr und Arbeit noch nicht begonnen haben, ist die Luft noch am saubersten. Der Frühaufsteher kommt noch am ehesten in ihren Genuß.

Besonders schlimm — und das Pendel zeigt es mit aller Deutlichkeit an — ist das heute so weitverbreitete Zigarettenrauchen. Mögen die Tabakfabriken noch so viel für soziale Werke spenden, im Grunde genommen gehören sie zu den großen Verführern der Menschheit. Es ist dasselbe Elend wie mit der Produktion von alkoholischen Getränken. Die Hausbar ist für viele eine Katastrophe. — Nikotin- und Alkoholgenuß gehören zu den großen Totengräbern der Menschheit. Ich sage nichts gegen eine Pfeife, gegen einen Stumpen, gegen eine Brissago, zur rechten Zeit und in Ruhe genossen. Nicht einmal eine Toscani nach dem Essen verurteile ich, denn in vielen Fällen hat dies zur Regulierung der Verdauung und zur Beruhigung der Nerven beigetragen. Aber es muß mit Maß geschehen! Ich habe auch gar nichts gegen ein Glas Wein. Er ist eine Gabe Gottes und trägt, mäßig genossen, zur Gesundheit bei. Aber das hektische Rauchen, das in Rekordzeit getätigte Hinunterstürzen von Getränken, das fortlaufende Sich-Vergiften mit Schnäpsen aller Art stellt eine Katastrophe dar, die die Existenz ganzer Völker gefährdet. Die süchtig gerauchte Zigarette bereitet dem Herzinfarkt die Wege, vergiftet die Lungen und das Blut mit Kohlenmonoxyd, und führt infolge des in den Lungen festgesetzten Teers in nicht wenigen Fällen zum Lungenkrebs. Es wird genug darüber aufgeklärt; warum fruchtet diese Aufklärung so wenig?

Ich kannte einen Arzt, der in früheren Jahren Kettenraucher gewesen war. Der Anblick eines an Lungenkrebs sterbenden Freundes ließ ihn fortan gänzlich auf die Zigaretten verzichten.

Irgendwie erfaßt mich immer wieder ein Schauder, wenn ich halbwüchsige Mädchen mit einer Sucht Zigaretten in den Mund stecken und mit Gier rauchen sehe. Das werden die Mütter der kommenden Generation sein! Arme Kinder, die bereits mit vergiftetem Blut zur Welt kommen und die die Sucht bereits im Blut haben.

Viele Raucherinnen wissen gar nicht, wie sehr sie sich selbst und ihren Nachkommen durch das Rauchen schaden. Ganz abgesehen von der ungesunden, rauchgeschwängerten Luft, die sie einatmen, wirkt sich der Teergehalt der Zigaretten auf ihre Nerven und auf ihre Geschlechtsorgane aus. Es ist schon vorgekommen, daß Kettenraucherinnen während ihrer Schwangerschaft nicht mit dem Rauchen aufhören konnten und dadurch Früh- und Mißgeburten zur Welt brachten. Die Teerprodukte der Zigaretten hatten über die Blutbahn ihre Leibesfrucht vergiftet.

Man nehme die Sache nicht auf die leichte Schulter. Der Mensch ist vor Gott voll verantwortlich für ein selbstverschuldet verkürztes Leben. Es liegt auf ihm auch die Verantwortung für die kommende Generation, in der er zur Ehre oder zur Schande weiterlebt.

Von den rauschdrogensüchtigen Jugendlichen wollen wir gar nicht reden. Die Schädlichkeit des Rauschgiftgenusses müßte die schärfsten Gegenmaßnahmen der Verantwortlichen auf den Plan rufen. Wehe denen, die um schnöden Gewinn ganze Geschlechter schädigen!

Wir müssen auch auf die Auswüchse im Sport hinweisen! Was nützt ein Weltrekord, was eine olympische Goldmedaille, was eine großartige Publicity, wenn der Totengräber ein strapaziertes Herz mit Erde zudeckt? Die Rekordveranstaltungen mit ihren Massenhysterien gehören zu den schädlichsten Dingen der Neuzeit.

Aber auch Kummer und Sorge können ein Herz krank machen. Hier ist die beste Medizin ein herzhaftes Gespräch mit Gott. Was nützen uns letztlich all unsere Sorgen und unser Kummer wegen irdischer, vergänglicher Belange? Unser aller Gott und Vater hält unser Schicksal in seinen weisen und gütigen Händen. In seiner Gegenwart schwindet die Angst, und Ruhe kehrt wieder ein in unser Herz. Die Hoffnung auf seine Hilfe schenkt wieder Kraft und Mut zum Durchhalten.

Besonders die Burschen und Männer sollen es sich gesagt sein lassen, was sie verschulden, wenn sie durch Leichtsinn, Grobheit und Rücksichtslosigkeit einen Menschen frühzeitig ins Grab bringen, sei es die Frau oder die Mutter. Das mögen vor allem die Trinker bedenken! Ich habe als Seelsorger zuviel gesehen, als daß ich schweigen dürfte. Ein Erlebnis erschüttert mich noch heute: Eine verhältnismäßig noch junge Frau, Mutter von 6 Kindern, lag schwer herzkrank im Spital. Der

Arzt sagte mir: „Hier helfen keine Medikamente mehr; die Frau will nicht mehr gesund werden. Der Mann, ein notorischer Trinker, ein Grobian und Schläger, hat ihr allen Lebensmut genommen." Zwei Monate später trug man die Frau zu Grabe.

Blut, Blutkreislauf und Lymphorgane

Nach dem Herztest nehme ich jeweils den Bluttest vor. Das Blut weist, nach Art einer Kompaßnadel, in die verschiedensten Richtungen, und aus dem Zustand des Blutes lassen sich zuverlässige Schlüsse auf die Art der Erkrankungen ziehen. Wie schon früher bemerkt (Seite 35), kontrolliere ich nacheinander Hämoglobin- und Leukozytengehalt, die Blutsenkung, den Gehalt an Vitaminen, das Vorhandensein von Harnsäure, Toxinen, Cholesterin und Azeton. Ich frage nach Krebs, Tumoren, Fisteln und Zysten. Ich kämme gewissermaßen den ganzen Menschen durch und stoße auf diese Weise auf verborgene Erkrankungen.

Der Mangel an Hämoglobin (roten Blutkörperchen) rührt grundsätzlich von Entzündungen und Veränderungen des Knochenmarkes her. Er kann aber auch von unmäßigem Zigarettenrauchen herkommen. Knochenmarkentzündungen behandle ich mit Einreibungen von Olivenöl, die meist gute und bleibende Erfolge zeitigen.

Ein Überschuß an Leukozyten (weißen Blutkörperchen) ist immer ein Zeichen von Infektion. Die Lymphorgane produzieren zur Abwehr vermehrt Leukozyten. Bei Lungen-, Brustfell- und Bauchfellentzündungen schwellen die anliegenden Lymphknoten und Lymphbahnen an. Ist die eigentliche Entzündung auch abgeklungen, bleibt der Körper in Abwehrstellung, bis die letzten Giftstoffe weggeschafft sind. Nie darf bei der Feststellung stark vermehrter Leukozyten die Möglichkeit einer tuberkulösen Infektion außer acht gelassen werden, besonders dann nicht, wenn starker Nachtschweiß und ständig leicht erhöhte Temperatur mit einhergehen. Es ist klar, daß jeder Tuberkuloseverdächtige sofort den Arzt aufsucht. Der Patient hat hierzu eine schwere Gewissenspflicht.

Hin und wieder kann freilich auch der Tuberkulosetest des Arztes versagen, weil die Tuberkulose erst im Anfangsstadium steckt und im Innern eines Knochens verborgen sitzt. Das war der Fall beim Melker Alois. Er hatte immer leichte Schmerzen in der Hüfte; ich stellte eindeutig Tuberkulose fest. Der Mann begab sich zum Arzt. Dieser nahm die Tuberkulinprobe vor, erhielt aber ein negatives Resultat. Es vergingen darüber fünf Jahre, ohne daß etwas unternommen worden wäre. Nach fünf Jahren brach die Tuberkuloe akut aus. Der Mann mußte sich zu einer Operation ins Krankenhaus begeben.

Ich habe im Laufe der Jahre sehr interessante Feststellungen betreffs eingetrockneter, in der Tiefe liegender Abszesse gemacht. Es betraf nicht nur Erwachsene jeden Alters, besonders Mütter, sondern gar nicht so selten auch Kleinkinder und Schulkinder, die schlecht aussahen und für jede Krankheit außerordentlich anfällig waren.

Ein augenscheinlicher Fall in dieser Beziehung war Therese. Sie arbeitete bei einem Geistlichen. Therese spürte ständig eine bleierne Müdigkeit. Mehrere ärztliche Untersuchungen stellten einen hohen Leukozytengehalt im Blut fest, konnten aber die Ursache nicht ermitteln. Therese sollte sich in zwei Wochen zu einer mehrwöchigen

Durchuntersuchung ins Krankenhaus begeben. Vorher fragte man mich noch um Rat. Ich stellte im Rücken links oben ein eingetrocknetes Abszeß fest, das ziemlich tief saß. Ich riet täglich 3minütige Massagen mit Olivenöl. Beim Abtrocknen des Olivenöls erschien ein roter Fleck in der Größe eines Zweifrankenstückes, und allmählich begannen die Massagen auch zu schmerzen. Als Therese, die auch täglich eine ausreichende Portion Haferflocken zu essen hatte, in zwei Wochen zur Untersuchung kam, erkannten die Ärzte bereits eine merkliche Besserung. Nach zwei weiteren Wochen war Therese völlig gesund.

Bei einem Überschuß an Leukozyten im Blut besteht auch noch die Möglichkeit, daß die Milz entzündet ist. Diese Entzündung bringt unter dem Rippenbogen links oft beträchtliche Schmerzen. Man behebe diese Entzündungen mit nächtlichen Auflagen von Kabisblatt und mit Einreibungen von Olivenöl am Morgen.

Sehr häufig geht der Überschuß an Leukozyten auch Hand in Hand mit einer schlechten Blutsenkung oder einem starken Vitaminmangel. Das Pendel gibt dann leicht den Herd der Infektion an.

Es kann aber auch sein, daß sich Infektionen im Körper befinden, ohne daß gleichzeitig dadurch ein Leukozytenüberschuß bedingt würde. Hier sind dann die schlechte Blutsenkung und der Vitaminmangel der Hinweis auf eine vorhandene Infektion.

Anläßlich der Grippewelle 1969/70 habe ich eine andere wichtige Feststellung gemacht. Der Überschuß an Leukozyten, gefolgt von starker Müdigkeit, rührte von einer Arterienvergiftung her. Scharfe Massagen mit Olivenöl an der Infektionsstelle sowie eifriges Essen von Haferflocken brachten baldige Besserung.

Es gibt immer Leute, die müde sind und dahinserbeln (dahinsiechen); niemand weiß eigentlich warum. Es fehlt jegliche Arbeitslust und Energie. Sehr oft ist dies eine Folge von Vitaminmangel.

An dieser Stelle möchte ich es nicht verabsäumen, eine Lanze für den Hafer zu brechen! Der Hafer ist wohl der beste und zuverlässigste, absolut unschädliche und dazu noch der weitaus billigste Vitaminspender. Am besten sind die groben, naturreinen Haferflocken, denn sie haben den köstlichen, unverdorbenen Hafergeschmack am unverfälschtesten. Ich kann sie für Gesunde und Kranke nicht genug empfehlen. Die Haferflokken sollten auf keinem Frühstückstisch fehlen. Man kann sie roh, mit etwas Weinbeeren und Nüssen vermischt oder mit Ovomaltine überstreut zum Kaffee genießen. Man kann sie als Hafermus kochen oder als dicke Hafersuppe zubereiten. Immer spendet der Hafer Kraft und frohen Mut.

Der Hafer hat noch eine besondere Eigenschaft: er reguliert den Blutdruck! Wo er zu tief ist, hebt er ihn; wo er zu hoch ist, senkt er ihn. — Außerdem verbessert er das Blut. Eugen hatte einen schweren Bronchialkatarrh hinter sich gebracht, und der Arzt stellte eine ganz schlechte Blutsenkung fest. Eugen nahm nun keine Vitaminpräparate, sondern aß jeden Morgen eine große Portion Haferflocken. Nach einem Monat war die Blutsenkung wieder vollkommen in Ordnung.

Mütter sollten ihren Kindern statt frischem Weißbrot und ofenwarmem Brot besser täglich eine gehörige Portion Haferflocken zu essen geben. Nicht wenige Leute, besonders Frauen, fürchten sich vor dem Hafer, weil er angeblich dick mache. Ich bin aber der Auffassung, daß der Hafer das normale Gewicht gebe, und es normal erhalte.

Der Hafer bildet kräftige Knochensubstanz. Er reguliert das Blut und er beseitigt Ermüdungszustände. Was Pfarrer Künzle über den Hafer schreibt, bestätige ich durch meine Erfahrungen voll und ganz.

Der Blutkreislauf verdient unsere besondere Aufmerksamkeit. Da sind die Blutbahnen, die ungezählten Arterien und Venen, die sich in haardünne Kanälchen verzweigen und das frische Blut zuführen, das verbrauchte Blut aber an die Reinigungsstätten ableiten. Solche Blutbahnen können sich überall im Organismus, besonders aber im Kopf, in Brust und Bauch und an Armen und Beinen entzünden. Da helfen am besten Kabisblattauflagen und am Morgen darauf Einreibungen mit Olivenöl. Auch Pfarrer Künzles Lapidar Nr. 4 wirkt hier ausgezeichnet.

Das gilt besonders für die berüchtigten Venenentzündungen und Krampfadern. Herzweh und Brustweh sind in manchen Fällen nichts anderes als Entzündungen und krankhafte Erweiterungen der Blutbahnen, besonders auch der vom Herzen wegführenden Körperschlagader, der Aorta. Seltener kann Brustweh auch eine Entzündung der Milchbrustgänge sein. Oft sind Entzündungen der Blutbahnen in Brust und Bauch die Ursache von überschüssigem Blutzucker. Doch davon mehr, wenn wir von der Diabetes sprechen (Seite 106). Und wie halten wir den Blutdruck auf der richtigen Höhe? Zu tiefer Blutdruck gibt Depressionen und Blutleere im Kopf. Zuviel Blutdruck verursacht Schlaganfälle und Infarkte. Wie den zu hohen Blutdruck bekämpfen? Da war ein 70jähriger Herr in Nordtirol. Seit 20 Jahren stand er unter ständiger Kontrolle eines Herzspezialisten, um den Blutdruck nicht über das erträgliche Maß steigen zu lassen. Jeden Monat hatte er sich dem besagten Professor zu stellen. Ich sagte dem Mann, er solle den 8./9. Rückenwirbel nun 4 Wochen lang täglich, dann aber ständig und jeden anderen Tag 3 Minuten gut mit Olivenöl einmassieren. Auch das Kreuz müsse täglich gehörig einmassiert werden, wenigstens 2 Monate lang täglich und dann noch längere Zeit jeden 2. Tag. Dazu gehöre auch täglich eine gehörige Portion Haferflocken. — Der Mann tat es, und wie er zur nächsten Untersuchung kam, sagte der Professor erstaunt: „Ja, was ist jetzt das? 20 Jahre kriegen Sie die stärksten Blutdruckmittel und heute ist Ihr Blutdruck auf einmal normal!"

Und warum wohl hatte eine 72jährige Frau, wenn sie herumging, einen normalen, wenn sie zu Bette lag, aber einen lebensgefährlich hohen Blutdruck? Durch den verschiedenen Druck auf die Wirbelsäule veränderte sich auch der Blutdruck. — Ich glaube, diese Feststellung könnte auch jedem Arzt nützlich sein und ihm den richtigen Weg weisen!

Die Gicht

Man spürt die Gicht meist in forgeschrittenen Jahren durch schmerzhafte Gliederschwellungen und Knoten an Hand- und Fußknöcheln, unerträgliche Schmerzen in den Schultergelenken, den Hüften und den Knien. Die Gicht hat ihre Ursache im Überschuß an Harnsäure. Diese rührt her von Stauungen oder Infektionen der Lymphbahnen. Die Lymphbahnen führen die Lymphe, eine Gewebsflüssigkeit, welche in anderen Mengenverhältnissen die gleichen chemischen Bestandteile wie das Blut enthält. Diese Stauungen und Vergiftungen rühren nicht selten von einer unvernünftigen Lebensweise her. Hilarius hatte an einem Festtag eine fette schweizerische Käsespeise, ein Fondue, verspeist. Dazu trank er, um sich den Durst vom Leibe zu halten, einen weißen Fendant. Gegen Abend wurde der Abschied eines guten Bekannten mit einer Flasche Vino Santo gefeiert. Weil aber der Durst wieder im Ansteigen war, begehrte Hilarius noch eine Flasche Gewürztraminer. Anderntags hatte er einen dick geschwollenen Ringfinger und Schmerzen überall in den Gliedern, einen typischen Gichtanfall.

Wenn man seine Eß- und Trinksitten nicht auf eine andere Grundlage stellt, nützt alles Baden, Spritzen, Pillenschlucken und Massieren nichts. Das mögen sich besonders die heutigen Wohlstandsmenschen gesagt sein lassen. Wer eine erbliche Anlage zur Gicht in sich trägt, muß schon frühzeitig die nötige Diät einhalten.

Schuppenflechten

Wie die Gicht, gelten auch die gefürchteten Schuppenflechten praktisch als unheilbar. Das stimmt aber für viele Fälle nicht. Wie ich feststellen konnte, rühren die Schuppenflechten genau wie die Gicht von Lymphbahnstauungen und Infektionen her. Da stelle ich erst den Herd fest, lasse täglich kräftig mit Olivenöl einmassieren und rate eine genau dosierte Gabe von Stechpalmentee. Die von den Schuppenflechten befallenen Stellen lasse ich probeweise mit Kleie- oder Heublumenabsud baden oder waschen, oder wir schmieren sie morgens und abends mit Olivenöl ein und trocknen nachher behutsam ab. Gelegentlich lasse ich auch morgens und abends Malvensalbe (Chäslichrudsalbe) auftragen oder mit Fißanpuder einpudern. Bald wird dieses, bald jenes besser helfen. Sehr gut wirkt auch das Haarlemeröl, morgens und abends eine Kapsel genommen. Der diesbezügliche Kranke muß sich aber darüber im klaren sein, daß bei der angegebenen Behandlung das Jucken und Beißen in den ersten Tagen zunehmen kann. Er soll dann nicht aufgeben, sondern die Kur bis zum Schluß durchführen. Nur so kann Erfolg eintreten. — Selbstverständlich gilt auch hier, was bei der Gicht gesagt worden ist: möglichst fettlose Kost.

In diesem Zusammenhang möchte ich noch bemerken, daß Nierengrieß und Nierensteine nicht selten die Ursache in einer benachbarten Lymphvergiftung oder in einem Lymphstau haben. Wo Kinder und Erwachsene die häßlichen und verunstaltenden Warzen haben, ist gewöhnlich daran die überschüssige Harnsäure die Ursache. — Gegen Warzen hat sich tägliches zweimaliges Einseifen mit einer guten Kernseife und nachheriges Abwaschen mit lauwarmem Wasser als ein recht wirksames Mittel herausgestellt. Ich habe dieses Rezept von einem alten, sehr tüchtigen Landarzt.

Ich möchte den Pendler noch auf eine besondere Tatsache aufmerksam machen, die ich im Verlauf der Jahre anhand zahlreicher Tests festgestellt habe und zu der ich entschieden stehe: Infektionen der Lymphbahnen und der Arterien verraten sich nicht immer durch einen Überschuß an Leukozyten oder durch Vitaminmangel und schlechte Blutsenkung. Sind also trotz gutem Bluttest Nierensteine, Nieren- und Uretergrieß, Blutzucker und Schuppenflechten da, muß der Pendler die entsprechenden Infektionsherde in den Lymph- und Blutbahnen fixieren. Die Behandlung geschieht wie gewohnt durch Kohlblattauflagen und Olivenölmassagen.

Wie könnte bei Zellulitis geholfen werden? Ich stellte als Ursache dieser merkwürdigen Krankheit öfters eine Fistel fest. Wenn die Fistel mit Kabisblatt und Olivenöl behandelt ist, sollte auch die Zellulitis verschwinden. Indes kann — wie bei Schuppenflechten — auch bei Zellulitis die Ursache unten im Rücken liegen, wie ich dies im Kapitel „Zentrum X“ in meiner zweiten und dritten Schrift ausführlich zur Sprache gebracht habe.

Asthma und Atemnot

Immer wieder, und heute mehr denn je, finden wir Leute, darunter oft viele Kinder, die an peinvollen Atembeschwerden leiden.

Asthma kann mehrfache Ursachen haben. Hier ist der Einsatz des Pendels von unschätzbarem Wert. Ich übertreibe nicht, wenn ich sage, daß ich auf diese Weise in neunzig Prozent der Fälle durchgreifend helfen konnte, bei Kindern genauso wie bei Erwachsenen.

Das sog. Bronchialasthma hat seinen Sitz in den Bronchien; es wird von einer Symphysenstarre begleitet. — Da war eine Frau in den besten Jahren. Sie litt an heftigen Asthmaanfällen. Der Arzt gab ihr drei Jahre lang Spritzen. Es half aber nur über die schlimmsten Anfälle hinweg. Schließlich erklärte ihr der Arzt, eine Heilung sei ausgeschlossen. Ich verschrieb Frau Ottilie nächtliche Auflagen von Kohlblatt auf die ganze Brust und am Morgen dreiminütige Einreibungen mit zimmerwarmem Olivenöl. Nach drei Wochen kam ihr Mann freudestrahlend danken; das Übel war verschwunden und Frau Ottilie arbeitete auf dem Felde wie früher.

Man brachte mir einen engbrüstigen, schwer keuchenden Knaben, wo ebenso alle ärztliche Kunst versagt hatte. Die Familie des Kindes wohnte an einer hochgelegenen, sonnigen Berghalde. Ich riet wieder Kohlblatt und Olivenöl, dazu täglich 1—2 Tassen guten Brusttee. Nach einem Monat war das Kind dauernd geheilt.

In Fällen freilich, wo schwere, auf Jahre zurückgehende Verschwartungen vorliegen, kann kein Wunder erhofft werden. Doch bringen Behandlungen mit Kohlblatt und Olivenöl beträchtliche Linderung.

Asthma kann auch von Herz- oder Brustwassersucht oder von anderen Wasseransammlungen im Organismus herrühren. Wo Injektionen nichts halfen, brachten nächtliche Auflagen mit Kohlblatt und morgendliche Einreibungen mit Olivenöl wirksame Hilfe. Tägliche Gaben von Stechpalmentee, stündlich 1—2 Kaffeelöffelchen, pro Tag also je nach Alter 12—20 Kaffeelöffelchen, unterstützen die Ausschwemmung des Wassers. Als sehr wirksam erweist sich auch Spitzwegerichsirup. Am Morgen sind die Kabisblätter naß oder mit Wassertropfen belegt, zum Beweis dafür, daß wirklich gestautes Wasser die Atemnot verursachte. Beim Stechpalmentee möchte ich darauf aufmerksam machen, daß er genau dosiert werden muß, da er sonst das Herz angreifen könnte. Gar nicht so selten sind übrigens auch Tumore die Ursache von Atemnot. Zum Glück sind sie meist nicht bösartiger Natur. Diese Tumore werden nicht selten verursacht durch unterirdische Wasserläufe, wie mein bekannter Landsmann, der Geologe Dr. Josef A. Kopp, in seiner Schrift „Boden und Mensch“ überzeugend darlegt. Man bekämpft diese Tumore erfolgreich mit Auflagen von Kohlblatt und Massagen von Olivenöl.

In neuester Zeit stellte ich als Ursache von Asthma auch Störungen im Zentrum X fest (siehe „Sammeln und Sichten“). Bei richtiger Behandlung ging die Atemnot merklich zurück.

Was von der Brustwassersucht gesagt ist, gilt auch für die Bauchwassersucht. Die Behandlung ist die gleiche.

Meines Erachtens wird das *Bauchfell* viel zu wenig beachtet. Ich habe in nicht wenigen Fällen das Dahinserbeln* von Kindern und Erwachsenen auf eine Bauchfellentzündung, die nicht erkannt worden war, zurückführen können. Besorgte Eltern brachten mir ihr vierjähriges Kind Dora. Es war bleich und schwach und aß fast nichts. Es nahm auch an Gewicht ab und blieb sichtlich in der Entwicklung zurück. Ich stellte eine totale Verschleimung des linken Bauchfelles fest. Kohlblattauflagen und Einschmieren mit Olivenöl brachten in schwach einem Monat völlige Besserung. In den ersten Tagen zeigte sich bei Dora auf der linken Bauchseite ein starkes Ekzem, das nach wenigen Tagen abklang. Nach einem Monat hatte das Kind bereits zwei Kilogramm zugenommen. Täglich eine Gabe von Hafer vervollständigte die Kur. Und heute ist Dora wieder kerngesund.

Die 65jährige Frau Agnes bekam eines Tages hohes Fieber und schwere Anfälle von Schüttelfrost. Spritzen und Antibiotika nützten nichts. Das Fieber wich kaum. Ich wies den Arzt darauf hin, daß die Frau linksseitig eine schwere Bauchfellentzündung habe, aber der Arzt glaubte es mir nicht. Nach einem Monat wies er die Frau in ein Krankenhaus ein. Dort öffnete man die linke

---

* Schweiz. Ausdruck für „Dahinsiechen“.

Bauchseite; es kam über ein Liter Flüssigkeit heraus, und am nächsten Tag war die Frau fieberfrei.

Atemnot kann natürlich auch von einer Schwellung und Verhärtung der Schilddrüse herrühren. In leichteren Fällen halfen Auflagen von Kohlblatt. Die Blutbahnen und Atemwege wurden wieder frei und die Atembeschwerden wichen. Eine Operation war überflüssig geworden.

Man brachte mir auch Kinder, die auf Asthma diagnostiziert waren. Die vom Arzt vorgeschriebene Behandlung brachte keinen Erfolg. Bei all diesen Kindern war auffällig, daß der Mund stets geöffnet war. Die Atmung der Kinder erfolgte somit hauptsächlich durch den Mund, weshalb die Kinder auch an Katarrhen litten. Das Pendel gab Nasenpolypen an. Ich ließ darauf die Kinder, und entsprechend auch Erwachsene, täglich morgens und abends ein lauwarmes Gesichtsbad mit Salzwasser nehmen, das eine halbe bis eine Minute inklusive kurzer Atempausen dauerte. Nachher war das Gesicht gut abzutrocknen und der Kranke hatte für kurze Zeit an der Wärme zu bleiben. Die Polypen bildeten sich vollständig zurück und kamen nicht wieder.

Selbst da, wo Polypen nach einer Operation wieder nachgewuchert waren, halfen die Gesichtsbäder mit Salzwasser. Es wäre auch die Mühe wert, diese Gesichtsbäder bei Heuschnupfen anzuwenden. Nur sollte man bei dieser Behandlung nicht warten bis das Gras blüht, sondern bereits einen Monat vorher damit beginnen.

Bei Heuschnupfen richtet sich übrigens der Verdacht immer auf Infektionen des Halses und der

Schulterpartien. Somit muß dort geprüft werden, damit man das Übel an der Wurzel packen und mit Erfolg beseitigen kann. (S. 140 ff)

Chronischer Schnupfen und Heuschnupfen können aber auch verursacht sein durch Kopfblutungen und Störungen im Zentrum X. Weiteres darüber in „Raten und Retten“ und „Sammeln und Sichten“.

Bronchien und Lunge

Sofern es sich nicht offensichtlich um Brusttuberkulose handelt, wo ausschließlich dem Arzt eine Behandlung vorbehalten bleibt, kann man einer Lungenentzündung oder einer Bronchitis verhältnismäßig leicht beikommen. Robert, ein jüngerer Mann, spürte wieder einmal ein Stechen in den Seiten, verbunden mit leichtem Schüttelfrost und bedenklichem Ansteigen des Fiebers. Da er nicht zum erstenmal Lungenentzündung hatte, wußte er sofort um das Wesen seiner Krankheit. Er legte sich zu Bett und legte morgens und abends Kohlblätter auf Brust und Seiten, dazu trank er auch fleißig warmen Brusttee mit einer Beigabe von Stechpalmen. In drei Tagen war das Fieber weg und am fünften Tag konnte er bereits für einige Stunden wieder aufstehen.

Bei Lungenentzündung ist das Trinken von Brusttee, wenn möglich alle Viertelstunden, eine Hauptbedingung zur raschen Heilung. Es kann auch vorkommen, daß jemand völlig fieberfrei ist und sich keine Anzeichen einer Infektion zeigen; trotzdem aber sticht es immer in einer Brustseite. In diesen Fällen sind meist die Rippen gestoßen oder angeschlagen. Hier helfen Einreibungen mit Olivenöl.

Reinigung

Der Mensch bedarf der ständigen Zufuhr von Aufbaustoffen. Im gleichen Ausmaß vollzieht sich auch der Abbau der verbrauchten Stoffe. Beim Ausscheiden der Schlacken haben Leber und Nieren eine besonders wichtige Funktion.

Die Leber, die größte Drüse des menschlichen Körpers, ist eines der wichtigsten Organe. Sie ist eine kleine Welt für sich. Ihre Funktionen sind vielfältig. Bei Leberverhärtung und bei Krebs versagt auch die ärztliche Kunst. Bei einfachen Leberschwellungen, Entzündungen und Stauungen kann verhältnismäßig leicht geholfen werden. Hier sind Kohlblattauflagen und Einschmierungen mit Olivenöl zu empfehlen. Die ganz zu Unrecht oft so verachtete Karotte wirkt ebenfalls gut auf die Leber. Otmar hatte nach jedem fetten Essen in der Lebergegend stundenlang einen dumpfen Schmerz, der ihm nachts den Schlaf raubte. Da stand er auf, aß zwei frische Karotten, und der Schmerz war wie weggeblasen.

In die Leber eingebettet liegt die Gallenblase, wo die zu Galle verarbeiteten, abgestorbenen roten Blutkörperchen zurückbehalten und nach Bedarf zur Verdauung weitergegeben werden.

Ein älterer Mann namens Julius klagte über ständige Magen- und Unterleibsschmerzen, die ihn nachts nicht schlafen ließen. Der Arzt äußerte den Verdacht auf Gallensteine, fand aber beim

Röntgen davon keine Spur. Also befand er auf Gastritis und verordnete dem Patienten ein Magenpulver. Es half nichts. Ich stellte Gallengrieß fest und verschrieb Julius Haarlemerölkapseln, ein altbekanntes Hausmittel. Jeden Abend mußte er vor dem Schlafengehen eine Kapsel mit etwas Wasser hinunterschlucken. Er hätte es auch in Tropfenform zu sich nehmen können, aber das Haarlemeröl hat einen fürchterlichen Geschmack; viele bringen es in flüssiger Form nicht hinunter. Ob Haarlemeröl in Tropfenform oder als Kapsel genommen, stößt es zu Beginn der Kur säuerlich-bitter auf, so daß manche Leute vor ihm Abscheu haben. Das sind aber ganz harmlose Nebenerscheinungen. — Auf jeden Fall nahm Julius die Haarlemerölkapseln und nach zwei Wochen war er von seinem Übel befreit. Ich riet ihm weiterhin abends eine Kapsel; so kehrte das Übel nicht mehr zurück.

Das Haarlemeröl ist kein Abführmittel. Es hilft in manchen Fällen aber auch bei Verdauungsstörungen. Das Haarlemeröl sollte demnach in keiner Hausapotheke fehlen.

Da und dort werden Bedenken gegen das Haarlemeröl geäußert. Ich habe aber in Hunderten von Tests nie eine Schädigung der Nieren wahrgenommen. Man darf also das Haarlemeröl in der richtigen Dosierung jahrelang ohne Bedenken nehmen.

Hilft aber nur dieses exotische Harz? Ich habe darüber selbst einmal eine interessante Beobachtung gemacht. Eine Zeitlang litt ich an Gallengrieß, wußte aber nicht, was es war. Zufällig ging ich auf unser Maiensäß, das auf einer Höhe von 1600 Metern liegt. Ich verspürte wieder den starken Druck und das Klemmen in der Lebergegend. Da war am Wege eine Lärche gefällt worden. Auf dem abgesägten Strunk schwamm das flüssige Lärchenharz. Ich leckte davon auf und bald waren die Schmerzen weg. Wahrscheinlich müßte man gar nicht in fremde Länder reisen, um Terebinthenharz zu beschaffen; man könnte es ebensogut mit dem Harz unserer Nadelbäume versuchen! Sind aber richtige, große Gallensteine vorhanden, hilft auch das Haarlemeröl nichts. Hier muß zur Operation geschritten werden.

Zum Auflösen der Steine hilft übrigens auch die Stechpalme. Man nimmt einen Monat lang täglich 12—20 Kaffeelöffelchen Stechpalmentee, stündlich 1—2 Löffelchen. Der Stechpalmentee ist neben dem Wermut das beste Mittel zur Behebung von Gallenblasenentzündungen. Doch hüte man sich vor einem Zuviel. Stechpalme, im Übermaß genossen, greift das Herz an! Bei gewöhnlichen Gallenaffektionen genügt auch die Pappelkohle (Charbon du Dr. Belloc).

Eine Mutter kam mit ihrem neunjährigen Töchterchen Benedikta. Das Kind war bösartig, es biß und schlug. Ich stellte eine starke Gallenblasenentzündung fest. Eine tägliche Gabe von 10 Kaffeelöffelchen Stechpalmentee machte das Kind in wenigen Tagen wieder friedlich und verträglich.

Wenn wir von Leber und Galle sprechen, muß ich einen Punkt besonders erwähnen, nämlich den Genuß von Fett. Darin wird heute unendlich viel gesündigt. Schweinefett arbeitet der Skrofulose vor. Nierenfett löst sich erst bei einer Temperatur von 43 Grad Celsius, belastet daher die Verdauungs- und Reinigungsorgane besonders stark. Als ich noch Pfarrer war, stellte ich in den Schulzimmern zur Zeit der Hausschlachtung im Advent und Januar bei den Kindern eine abscheuliche Ausdünstung fest. Dazu hatten die Kinder richtige Augensäcke und angeschwollene Halsdrüsen. Sie waren während dieser Zeit auch sehr nervös und wild. Das fette Fleisch und die Blutspeisen taten ihre Wirkung.

Eine Tatsache muß ich unbedingt zur Sprache bringen, auch wenn ich den Speisefettfabrikanten damit ins Gehege komme. Da wird ein erstklassiges, 10% butterhaltiges Kochfett angepriesen. Die beigemischte Butter mag in Ordnung sein, der Rest aber, die übrigen 90% des Fettes, stammen meist von raffinierten Fettabfällen, wo einzig der Fettgehalt ins Gewicht fällt. Diese Fette wirken sich katastrophal für den Esser aus. Reines Pflanzenfett, sofern es richtig behandelt wird, ist hingegen im allgemeinen sehr gut. Dasselbe ist von den verschiedenen Speiseölen zu sagen. Das verhältnismäßig billige, reine Arachidöl ist leicht verdaulich, während nicht selten die teuren künstlichen Speiseöle die Verdauungsorgane schwer und lange belasten. Olivenöl ist teuer, hat aber kalt gepreßt großen Nährwert. Hier kann man auch ermessen, was die billigen Margarinen schaden, wenn man sich der Kosten wegen scheut, reine Butter zu verwenden. Man braucht sich daher nicht zu wundern, daß es zu vielen Herzinfarkten kommt: Schlechte Fette, auch wenn sie reklamemäßig noch so schön aufgemacht sind, tragen ein gut Teil dazu bei.

Wir wußten beispielsweise, daß die reine Butter im Winter bei der Heufütterung fast weiß war, während sie im Sommer bei der Grasfütterung die gewünschte Gelbfärbung zeigte. Die Hausfrauen sahen aber dies nicht ein, sondern meinten, die Butter sei so weiß, weil Schweinefett beigemischt worden sei. Deswegen waren die Lebensmittelhersteller gezwungen, der Winterbutter sog. Rüblifarbe zwecks Gelbfärbung beizumischen, ein Stoff also, der krebsfördernd wirkt. Und so ist es auch bei den eingemachten Früchten, den Konfitüren, dem Gemüse. Je greller sie gefärbt sind, desto mehr erweckt es den Anschein der Echtheit, während meist das Gegenteil der Fall ist! Was ich besonders betonen möchte: Lieber weniger, aber gutes, echtes Fett, als die Verschwendung von zweifelhaften Kunstfetten. Lieber trockenes Brot, als Brot mit Tiermargarinenaufstrich.

Was die Leber und Galle betrifft, soll auch ein Wort zu den verschiedenen Früchten gesagt sein. Unsere so herrlich mundenden und wunderbar lockenden Birnen wirken in vielen Fällen ganz schlecht auf Leber und Galle. Dasselbe gilt für das meiste Steinobst, besonders dann, wenn es ungekocht genossen wird. Ich habe als Merksatz aufgestellt:

„Bei Leber-, Galle- und auch Nierenbeschwerden ist alles Kernobst erlaubt, mit Ausnahme der Birnen. Dazu müssen wir auch Orangen und Mandarinen rechnen. Zitronen und Grapefruits dagegen schaden nicht. Verboten ist Steinobst, mit Ausnahme der Kirschen."

Daß die roten Rüben und Karotten sehr gut auf Leber und Galle einwirken, habe ich bereits bemerkt.

Die Nieren

Wie die Leber, so gehören auch die Nieren zu jenen Organen, die besondere Aufmerksamkeit erheischen. Sie scheiden den giftigen Urin aus dem Blut aus und senden ihn durch die beiden Harnleiter zur Blase, wo er dann natürlich abgeht. Ich habe bereits darauf hingewiesen, daß kranke Nieren sofort mit dem Öltest festgestellt werden können. Die heutige Küche fehlt vielfach durch Übersalzen der Speisen, das die Nieren stark belastet. Ein Beispiel: Das Hühnerei hat jenen natürlichen Salzgehalt, dessen der gesunde Mensch bedarf. Die meisten Leute jedoch versehen die Spiegeleier mit einer ausgiebigen Portion Salz und schaden dadurch nicht wenig ihrer Gesundheit. Zwei Spiegeleier, in Speck oder Rohschinken gebraten, mögen für den Mund eine Delikatesse darstellen, für die übrigen Organe aber sind sie schädlich.

Unendlich viel wird auch gegen die Nieren durch kalte und kohlensäurehaltige Getränke gesündigt. Eiskaltes Bier, eiskalte Limonaden setzen den Nieren schwer zu und haben nicht wenige an den Rand des Grabes gebracht. Vielfach werden reine Tafelwässer mit Kohlensäurezusatz für kranke Nieren empfohlen; ich aber sage gegen die Meinung aller Ärzte, die solches empfehlen, daß es von Schaden ist! Genau so verhält es sich beim starken Bohnenkaffee.

Und wenn wir schon bei den Nieren sind: Viele kranke Nieren verdanken dies der unvernünftigen Minimode, welche die Knie nicht mehr zudekken will oder, — wie abscheulich! — ungeniert Bauch und Rücken offen zur Schau stellt. Wenn Gott den Tieren im Winter ein dickeres Fell gibt, warum muß dann ausgerechnet der Mensch meinen, er bedürfe keines Kälteschutzes? Der Mensch wird so das Opfer seiner eigenen Unvernunft und Sexwut.

Was soll man tun, wenn die Nieren nicht richtig funktionieren? Frau Olga hatte einen langwierigen, tiefsitzenden, im Winter erworbenen Bronchialkatarrh. Nun litt sie schon wochenlang an depressiven Zuständen. Zum Arbeiten war ihr jede Lust vergangen. Nichts konnte sie zum Lachen bringen. Sie weinte oft stundenlang und wußte nicht warum. Der Urin ging trüb, fetzig und schleimig ab und hatte einen ekelerregenden Geruch. Nachts hatte sie Schweißausbrüche. Nun mußte sie 3 Monate salzlos essen. Sie machte erst über die ungesalzenen Suppen und Speisen ein langes Gesicht. Bald aber wichen die Depressionen. Nach einer Woche fühlte sie sich wieder wohl und froh. Sie aß auch täglich eine gute Portion Haferflocken. Ein übriges tat der Nierentee, den sie täglich trank. Auch Brennesseltee hätte geholfen.

Verschwollene Augen weisen fast immer auf eine Nierenbeckenentzündung hin. Dieser muß volle Beachtung geschenkt werden. Manchmal können auch Nierenkoliken auftreten, die von Nierensteinen herrühren. Damit ist nicht zu spaßen; der Arzt muß in solchen Fällen unbedingt gerufen werden. Um Steinbildungen in den Nieren zu verhüten oder wirksam zu beseitigen, muß man erst die Ursachen feststellen. Es sind Lymph- und Blutbahnvergiftungen in den untersten Rükkenpartien, welche Harnsäure bilden. Ich lasse dann in solchen Fällen diese Partien von den Hüften bis zur Wirbelsäule 3—4 Monate lang täglich 3 Minuten kräftig mit Olivenöl einmassieren. Zum Auflösen und Ausleiten der Steine rate ich morgens nüchtern, mittags und abends 2 Monate lang eine Tasse lauwarmen, ungezuckerten Brennesseltee und abends vor dem Schlafengehen 1 Kapsel Haarlemeröl. Es ergaben sich mit dieser Kur bemerkenswerte Erfolge. — Es ist selbstverständlich, daß auch das Kreuz täglich 3 Minuten kräftig mit Olivenöl massiert werden muß.

Man kann nie genug darauf aufmerksam machen, daß schwere Nierenkrankheiten und Nierenvergiftungen einen Herzinfarkt verursachen können. Darum trage man für die Nieren Sorge!

Ein Klosterbruder hatte sogenannte Schrumpfnieren; der Arzt hatte ihn schon aufgegeben. Bruder Serafin aber gab nicht nach; er ging täglich zu einer Lehmgrube und wälzte sich im schlammigen Lehmteich. Nach 2 Monaten arbeiteten die Nieren wieder normal. Auch die Tonerde hat eine gewaltige Heilkraft. Auflagen von Lehm auf die Nierengegend können hier Wunder wirken.

Was wir von den Nieren gesagt haben, gilt auch für die Harnblase. Kranke Nieren ziehen auch die

Blase in Mitleidenschaft. Vor allem soll immer für eine rechtzeitige Blasenentleerung gesorgt werden. Das ständige Harnverhalten aus falscher Scham oder Zeitnot bringt eine schwere Schädigung des Harntraktes mit sich. Nicht selten rühren Prostataleiden daher.

Und hier noch ein Wort zu den leidigen Krampfadern. Ich habe praktisch noch nie Krampfadern festgestellt, ohne daß es nicht auch an der Nierentätigkeit fehlte. Bevor man also Krampfadern veröden oder herausschneiden läßt, soll man erst eine gehörige Nierenkur durchführen. Der Urin geht dann wieder durch die Blase ab und setzt sich nicht mehr in den Geweben ab. — Offene Wunden an den Beinen mit Ausfluß dürfen nie vorzeitig mit Heilsalben geschlossen werden. Höchstens Chäslichrudsalbe darf man morgens und abends auftragen; denn sie schließt nicht, bis nicht alles sauber ist.

Die Nebennieren und der Blutdruck

Klein und unbedeutend erscheinen die zwei bohnengroßen Drüsen, die den Nieren oben aufsitzen, aber sie sind von größter Bedeutung für den menschlichen Organismus. Vor allem regeln die Nebennieren den Blutdruck. Ich will mich nicht des langen und breiten über ihren Bau und ihre Tätigkeit verbreitern, denn man kann darüber alles in der entsprechenden Fachliteratur nachlesen.

In nicht seltenen Fällen ist Schwindel ein deutliches Zeichen dafür, daß die Nebennieren zuwenig oder zuviel arbeiten. Diese Alarmzeichen darf man nicht auf die leichte Schulter nehmen!

Wie hält man am besten den Blutdruck in Ordnung oder bringt ihn wieder auf die richtige Höhe? Vor allem empfehle ich tägliche Einreibungen der Nierengegend mit Olivenöl, so daß die Nebennieren wieder zu einer besseren und ausgeglicheneren Arbeit kommen. Übrigens spielt auch der Zustand des 8. u. 9. Brustwirbels eine wichtige Rolle. Ich habe dort Patienten mit hohem Blutdruck täglich 3 Minuten mit Olivenöl einreiben lassen. Der Erfolg war bemerkenswert. Dasselbe rate ich auch immer bei chronischer Verstopfung. Auch hier zeigten sich merkwürdige Erfolge. — Zur Regulierung des Blutdrucks tut der Hafer das übrige! Ist der Blutdruck zu schwach, so treibt ihn der Hafer hinauf. Ist er zu hoch, dann senkt ihn der Hafer. Das ist eine Erfahrung, die ich in vielen Fällen gemacht habe.

Ich kann den Hafer nicht genug loben. Es gibt zwar Leute, die vor dem Hafer Angst haben in der

Meinung, daß er dick mache und verstopfe. Nun ist es Tatsache, daß der Hafer im Anfang etwas binden mag, aber dick macht er nicht, sondern er regelt das Körpergewicht. Leute, die täglich Hafer essen, haben viele Jahre hindurch immer das gleiche Körpergewicht. Es ist übrigens ein Unsinn, das Gewicht der schlanken Linie wegen mit Gewalt zu senken. Besonders Frauen haben sich damit nicht selten ein frühes Grab geschaufelt. — Man lebe vernünftig und trage das Gewicht, das einem der liebe Gott gegeben hat. Ich kenne genug Leute, die es mit einem gehörigen Gewicht, aber vernünftiger Lebensweise auf 80 und 90 Jahre gebracht haben. Einzig dann muß man gegen das Übergewicht einschreiten, wenn es von mangelnder Drüsentätigkeit oder von Wasseransammlungen herrührt! Darüber habe ich bereits einiges gesagt, als ich vom Herzen sprach. Ob übrigens Gertenschlankheit schön ist, ist eine Frage für sich. In China galten magere Leute als häßlich, als schön aber eher die beleibten Leute! Mit dem Alter verliert übrigens der Mensch seine natürliche Behendigkeit. Dafür tritt das Alter umso würdevoller auf. Es ist keine Schande, die Zeichen des Alters in Würde zu tragen!

Die Harnblase

Die Harnblase sammelt den Urin und führt ihn periodisch ab. Zur Reinigung der Blase von Grieß und Schleim gilt dasselbe, was ich von den Nieren geschrieben habe.

Roman litt an der sog. Gförni. Im Winter waren ihm die Hände regelmäßig aufgeschwollen und brachen zeitweilig sogar auf. Es trat Brandwasser aus. Alles Schmieren und Salben half im Grunde wenig. Jahrelang litt er so jeden Winter. Eines Tages riet ihm ein guter Freund, doch eine Kur mit Nierentee zu machen. Roman mußte fast jede Stunde Wasser lassen. Im folgenden Winter war er von der Gförni befreit. — Frau Ulrike spürte ständig Urindrang. Sie klagte mir ihr Leid; es sei für sie fast unmöglich, zur Kirche zu gehen oder eine Versammlung zu besuchen. Nieren und Blase erwiesen sich bei der Untersuchung ganz in Ordnung. Hatte Frau Ulrike vielleicht Zucker? Auch dies bewahrheitete sich zum Glück nicht. Woher dann der ständige Urindrang? Ich suchte weiter und fand endlich heraus, daß die Frau an einer starken Gebärmuttersenkung litt. Sollte sie sich einer Operation unterziehen? Ich riet ihr, vorerst täglich kräftige Einreibungen mit Olivenöl, mindestens einen Monat lang, und dann immer wieder 2—3mal in der Woche. Erst mußte Frau Ulrike von den Lenden her eine Minute nach rückwärts gegen das Kreuz zu, dann zwei Minuten lang von den Lenden her nach vorn den Leisten nach bis zur Blase einreiben. Nach zwei Monaten war der Erfolg da!

Der Hals

Auf sehr beschränktem Raum wickelt sich der größte Verkehr ab! Nicht nur führen alle Blutbahnen zum Kopf via Hals vom Herzen weg und zum Herzen hin. Auch die meisten Nervenstränge nehmen ihren Durchgang durch den Hals. Durch den Hals tritt die Luft in die Lungen und die Speise in den Magen. Im Hals sitzt der Kehlkopf mit den Stimmbändern; und ein eigenes Drüsenpaar, die Mandeln, sitzen beim Eingang des Halses und sieben die eintretende Luft. Im unteren Teil des Halses befindet sich die Schilddrüse, welche den gesamten Stoffwechsel des Organismus reguliert.

Angina, eine eitrige Entzündung des Halszäpfchens, Entzündungen und Schwellungen der Mandeln und Schwellungen der Mundspeicheldrüsen können erfolgreich mit Auflagen von Kabisblatt behoben werden. Gegen Rachenkatarrh lasse ich mehrmals am Tag Mund-Hals-Spülungen mit lauwarmem Salzwasser vornehmen. Mit diesem einfachen Mittel bringt man bei einiger Ausdauer auch die schmerzhaften Mundblasen zum Verschwinden. Das Gurgeln aber soll man lassen; es reizt noch mehr.

Die Mandeln soll man nicht so leicht schneiden lassen, wenn auf eine andere Weise geholfen werden kann. Sie schützen Hals und Lungen vor vielen Infektionsstoffen. Manchmal herrscht eine eigene Manie, bei jeder Krankheit gleich die Mandeln zu verdächtigen und sie zu entfernen. Das ist genau so gefehlt wie die Meinung, bei allen rheumatischen Erkrankungen gleich die Zähne zu ziehen. Man beachte gut, was ich darüber auf Seite 140 ff. geschrieben habe.

Die Schilddrüse kann verschiedene Leiden verursachen. Der sogenannte Kropf, eine Schwellung und nachfolgende Verhärtung der Schilddrüse, ist zu Beginn mit Kabisblattauflagen leicht zu beseitigen. Bei der sogenannten Basedowschen Krankheit hilft dasselbe Mittel. Frau Adelina fragte um Rat. Sie hatte Glotzaugen, ständig hohen Puls ohne erhöhte Körpertemperatur, nach ihren eigenen Worten fuhr sie ständig herum wie ein angeschossener Tiger. Ihr Mann und ihre Kinder hatten wahrlich kein angenehmes Leben. Ich riet ihr nächtliche Auflagen von Kabisblatt und am Morgen Waschen des Halses mit lauwarmem Wasser. Nach einem Monat schon war Frau Adeline geheilt, sehr zum Erstaunen des sie behandelnden Arztes! Als einziges Relikt waren die Glotzaugen geblieben. — Dieselbe Kur empfielt sich bei Unter- und Überfunktion der Schilddrüse, unterstützt von täglich 2 Tassen Pfarrer Künzles Frauentee. Dieser Tee hilft nicht nur Frauen, sondern ebensosehr auch Männern!

An der Schilddrüse angewachsen sind die beiden *Nebenschilddrüsen.* Lange herrschte über ihre wichtige Funktion Unklarheit; sie regulieren den Kalziumhaushalt. Eines Tages besuchte mich ein junger Geistlicher. Er klagte, er könne kein Amt übernehmen, da er an einer schweren Gedächtnisschwäche leide, infolge Versagens der Nebenschilddrüsen. Er stand in Behandlung eines Spezialisten in Innsbruck. Ich merkte mir diesen Sachverhalt. Da kam eines Tages Albert, ein 70jähriger Mann. Er hatte große Mühe beim Gehen, die linke Hüfte und das linke Knie waren fast steif. Ich stellte Arthritis fest. Ich kontrollierte gleich die Nebenschilddrüsen, und siehe da: hier lag die Wurzel des Übels. Ich verschrieb Albert nachts Kabisblattauflagen auf den Hals vorn und lauwarmes Waschen des Halses am Morgen, für einen Monat. Auf die von der Arthritis befallenen Stellen empfahl ich nächtliche Auflagen von Kabisblatt und am Morgen dreiminütiges Einreiben mit Olivenöl, 4—8 Wochen lang. Nach 6 Wochen stellte sich mir Albert wieder vor. Er ging wieder wie ein Junger! Einzig bei Wetterwechsel spüre er noch einen Anflug von Schmerzen. Ich habe Dutzende solcher Fälle auf diese Weise behandelt und der Erfolg blieb nur in seltenen Fällen aus. Die leidige Arthritis ist also verhältnismäßig leicht zu heilen, wenn man's richtig anpackt und Ausdauer zeigt.

Nur muß natürlich die richtige Krankheit des bewegungsbehinderten Menschen festgestellt sein. Gicht wird auf eine andere Art kuriert. Darüber haben wir bereits einiges auf Seite 75 gesagt und werden noch etliches zur Sprache bringen, wenn wir von den Knochen sprechen (vgl. Seite 125). Wenn ich also nur den vielen Arthritisleidenden helfen könnte, wäre die Mühe mit der Abfassung meiner bescheidenen Schrift schon reichlich belohnt.

Die Verdauung

Auch hier will ich keine gelehrte Abhandlung vorangehen lassen, sondern nur Wege aufzeigen, wie man den so vielfachen Erkrankungen der Verdauungsorgane verhältnismäßig leicht beikommen kann.

Der Magen ist das Sorgenkind vieler Leute. Falls nun Schmerzen in der Magengegend da sind, ist erst sicherzustellen, ob wirklich der Magen krank ist oder ob das Leiden von der Galle herrührt. Die Verwechslung von Magen- mit Gallenleiden kommt am laufenden Bande vor, besonders dann, wenn der beim Durchleuchten nicht leicht feststellbare Gallengrieß vorhanden ist.

Der heutige Mensch sündigt nicht nur schwer gegen die Nieren, sondern ebensosehr gegen den Magen. Die Hetzjagd unserer Tage läßt keine Zeit mehr zum richtigen Essen. Statt mittags eine genügende Essenszeit einzuräumen, verlangt der hektische Arbeitsprozeß eine durchgehende Arbeitszeit. Das Essen wird stehend hinuntergeschlungen, und ein richtig gekochtes Essen gibt es nicht. Besonders hart wird von der Eßhast das Servierpersonal in den Gaststätten hergenommen. Junge Leute, kaum 20 Jahre alt, hatten schon schwerste Magenleiden. Warum aber nehmen sie diese Strapazen auf sich? Um des großen Verdienstes willen! Was nützen aber die Tausender, wenn man seine Gesundheit für ein ganzes Leben ruiniert?

Weiters fällt die Beschaffenheit der heutigen Speisen schwer ins Gewicht. Da sich viele Hausfrauen nicht mehr die Zeit nehmen, das Essen richtig zuzurüsten und alles möglichst bald bereit sein soll, können die künstlich verarbeiteten Lebensmittel, die vielen Konserven, jahrelang auf einen bedenklichen Vitaminmangel hinarbeiten und die Arbeits- und Lebenskraft auf das schwerste beeinträchtigen. Ich habe sie selber in den Läden gesehen, diese modernen Hausfrauen, die rasch um ¼ 12 Uhr in das Lebensmittelgeschäft und in die Metzgerei rannten, schnell ein paar Büchsen zusammenkauften und in knapp einer halben Stunde das Essen auf dem Tisch hatten. Ich kannte einen wohlhabenden Mann, der mit 50 Jahren an Vitaminmangel starb, weil er eine faule Köchin hatte, die ihn nur mit Büchsennahrung versorgte.

Aber wir wollen jetzt den Leuten antworten, die schwer am Magen leiden. Magengeschwüre, die erst im Entstehen sind oder sich noch nicht dem Durchbruch nähern, heilt man mit einer zweimonatigen Brennesselkur. Man trinkt dabei morgens ½ Tasse nüchtern, und nachher alle Halbstunden schluckweise lauwarmen, ungezuckerten Brennesseltee. Auf diese Weise heilen viele Magengeschwüre dauernd aus. Es empfiehlt sich aber nachträglich immer wieder, wenigstens morgens und abends eine Tasse Brennesseltee. Dasselbe gilt auch für Darmgeschwüre.

Vor allem sage ich allen Magenkranken: hütet euch vor Schnäpsen, vor scharfen weißen Weinen, vor verschnittenen und mit Chemikalien durchsetzten Rotweinen und — so seltsam es klingen mag — vor kohlensäurehältigen Getränken, seien es nun Getränke mit oder ohne Alkohol.

Ich war oft entsetzt, wenn ich in Spitälern ganze Batterien von Mineralwasserflaschen unter den Betten von Magen- und Nierenkranken sah. Die Kohlensäure greift noch mehr an und bläht die Kranken auf. Hier wäre für den Durst ein Glas gewöhnlichen Zitronenwassers tausendmal besser und gesünder, und dazu noch billiger! Noch besser wirkt ein guter Kräutertee.

Viele Leute klagen über Magenbrennen. Da kam eine Dame zu mir. Sie klagte über ein ständiges, schreckliches Brennen im Magen, das ihr alle Lebensfreude nehme. Ich fragte sie, ob sie den Kaffee gehörig zuckere. Ja, meinte sie, ohne Zucker könne sie keinen Kaffee trinken. Ich verbot ihr künftig den Zucker und bald war das Magenbrennen gebannt. Nüchtern eine Tasse lauwarmen Brennesseltee, oder in dessen Ermangelung lauwarmes Wasser, hilft rasch mit zur Beseitigung der überschüssigen Magensäure. Soll man statt des Zuckers einen Süßstoff verwenden? Die künstlichen Süßstoffe sind nicht so harmlos. Sie haben schon vielen das Augenlicht schwer geschädigt, nicht zuletzt Zuckerkranken, die sich jeden natürlichen Zuckers enthalten müssen.

Ich frage mich da: müssen denn alle Getränke süß sein? Kann man nicht mehr das natürliche Aroma eines Milchkaffees genießen? Ist ein Tee nur dann genießbar, wenn er drei, vier Stück Zukker drin hat? Oh, diese Zuckerwassergesellschaft, die wie kleine Kinder alles zuckersüß haben muß, sogar das Fleisch!

Magenbrennen gibt's aber auch von den leckeren, fettgebratenen Speisen, sei es Fleisch oder

Kartoffeln und was man alles haben kann. Einmal fragte mich Frau Ursula, eine gutmütige Frau vom Lande, um Rat. Es brenne in ihren Eingeweiden wie die Hölle. Ich fragte so beiläufig, was sie eigentlich abends esse. Sie bekannte treuherzig: gebratene Polenta, Rösti und dazu rohen oder gekochten Speck und ein gehöriges Stück Emmentalerkäse. Dazu trinke sie auch mehrere Tassen Kaffee mit Zucker. Ich verbot ihr nun diese jahrelang gewohnten Dinge. Sie aß jetzt abends fast fettlos und leicht. Nach 3 Wochen traf ich sie wieder und jetzt sagte sie mir, daß es ihr gut gehe; das höllische Brennen sei vollständig verschwunden.

Ich möchte noch auf eine eigene Ursache des Magenbrennens hinweisen; es kann nämlich auch daher kommen, daß man für Apfelmus das Gehäuse nicht ausschneidet und es mit der Frucht durch das Sieb passiert. Man scheue also die Mühe nicht und entferne das Gehäuse mit den Kernen; dann verursacht diese köstliche Speise kein Sodbrennen mehr.

Das Pendel wird sofort sagen können, wenn es beim Zwölffingerdarm fehlt. Auch hier hilft die Kur mit Brennesseltee, und dazu empfehlen sich nächtliche Auflagen von Kabisblatt und am Morgen Einschmieren mit Olivenöl. Ich habe auf diese einfache Weise schon oft auch Magen- und Darmverschlüsse, sofern sie nicht krebsartiger Natur waren, mit gutem Erfolg behandelt.

Dasselbe läßt sich von harmlosen Erkrankungen im Dünn- und Dickdarm sagen.

Bei Matthias rumpelte es ständig in den Gedärmen, und auf dem Magen spürte er einen ständigen Druck. Er hatte auch keine Eßlust. Er klagte überdies über wässerigen, fetzigen Stuhl. Zeitweise stellte er sogar Spuren von Blut im Stuhl fest. Die Untersuchung mit dem Pendel stellte beim Magen keine besondere Störung fest. Die Gallentätigkeit war in Ordnung. Kohlepillen gegen Magen- und Darmgase waren auch so viel wie wirkungslos. Es stellte sich weder Krebs noch Tumor heraus. Wo mochte es fehlen? Matthias war einer jener modernen Menschen, die sich für alles, nur nicht für das Essen Zeit nehmen, einer unter Unzähligen, die Opfer einer richtigen Zivilisationskrankheit sind. Matthias litt an *Dickdarmstauungen,* nicht etwa am Darmausgang, wie es das leicht bei Leuten gibt, die viel sitzen müssen und die sich, wie so manche Autofahrer, beim Sitzen ganz nach hinten lehnen (Hämorrhoiden). Die Dickdarmstörungen finden sich im Querdarm, der unmittelbar unter dem Magen liegt, und Stauungen und Blutungen hervorrufen kann. Ich riet Matthias, was ich Magenkranken rate, langsam und vernünftig essen, eine zweimonatige Kur mit Brennesseltee und Meiden von allen blähenden Speisen und Getränken. Es ist mir ein Rätsel, weshalb so viele Ärzte angesichts der Symptome dieses verbreiteten Leidens ratlos sind, oder diese Krankheit einfach gehen lassen und alles andere vermuten als eben Stauungen! Bei Verstopfung und träger Darmentleerung empfehlen sich die verschiedenen Kräuterlaxiermittel, die unschädlich sind und den Darm nicht gewöhnen. Ich kannte aber einen Fall, wo eine Frau wegen Nervenstörungen trägen Stuhlgang hatte. Da half bald das Nervenlapidar Nr. 7 von Pfarrer Künzle. In vielen Fällen von Darmträgheit half sehr gut eine Tasse Brennesseltee nüchtern zu trinken.

Es sticht ganz plötzlich und heftig im rechten Unterbauch. Achtung: Gefahr einer Blinddarmentzündung! Hier darf es kein Experimentieren geben. Hier muß der Arzt sofort eingreifen. Eigentlich ist da nicht der Blinddarm, sondern der *Wurmfortsatz* entzündet. Bei Erwachsenen scheint der Wurmfortsatz keine Bedeutung mehr zu haben, wohl aber bei Kleinkindern.

Es kann aber auch sein, daß nur periodisch ein Stechen in der besagten Bauchgegend auftritt. Da liegt Blinddarmreizung vor. Sie kann leicht behoben werden, indem man 2—3 Wochen die rechte Bauchseite täglich kräftig 3 Minuten lang mit Olivenöl massiert.

Gelegentlich können Schmerzen in den Leisten auch von Leistenbrüchen herrühren. Sofern es sich nicht um eingeklemmte Brüche handelt, helfen auch hier ausgezeichnet Einreibungen mit Olivenöl. Bei Darmverschlingungen hat unbedingt der Arzt das Wort. Doch können auch hier Einreibungen mit Olivenöl Erleichterung bringen. Ich möchte aber auf keinen Fall, daß sich jemand auf Praktiken verläßt, die nicht sicher sind.

Bei einfachen Magen- und Darmgeschwüren helfen also am besten Kuren mit Brennesseltee. Stellt der Arzt aber einen richtigen Gewebezerfall, Krebs, fest, so ist allein er zuständig. Ist noch keine Streuung der Krebsstoffe in die Blutbahnen vorhanden, dann könnte das Kabisblatt immer noch helfen. In Fällen, wo der Arzt eine Operation für aussichtslos hinstellt, würde ich dennoch die Hoffnung nicht aufgeben. Die Möglichkeit besteht immer noch, daß das Kabisblatt, wenn nicht heilen, so doch stark erleichtern kann. Ich kenne einige solcher Fälle. Nur zieht in solchen Fällen das Kabisblatt derart, daß der Patient gelegentlich vor Schmerzen aufschreit. Auch verbreitet das Kabisblatt in solchen Fällen einen fast unerträglichen Gestank. Doch ist dies ein Zeichen, daß das Kabisblatt wirkt. Wider alle menschliche Erwartung könnte also immer noch ein „Wunder" geschehen. Ich gebe grundsätzlich einen Patienten erst dann auf, wenn er tot im Bette liegt.

Hier noch ein Wort von der Chäslichrudsalbe, aus dem Chäslichrud, der verachteten Malve, die aber eine großartige Heilkraft bei Infektionen besitzt. Die Malve kommt in manchem dem Kabisblatt an Heilkraft gleich. Man kann diese Salbe hauptsächlich bei Infektionen anwenden. Sie hilft auch sehr wirksam bei den sogenannten Afterhämorrhoiden. Man streicht nach der Darmentleerung die Chäslichrudsalbe auf und deckt mit etwas Watte zu. Bald läßt das heftige Jucken und Brennen und das Bluten nach. Ich weiß einen interessanten Fall, wo die Chäslichrudsalbe ganz wunderbar half. Zu mir kam Richard, ein jüngerer Mann, der vor nicht allzulanger Zeit einen Nabelbruch hatte operieren lassen. Er klagte über ein ständiges Stechen in der Nabelgegend. Ich riet nun Richard, in der Nabelgegend morgens und abends Chäslichrudsalbe aufzutragen. Wenn sich nach einigen Tagen ein Faden zeige, der aus der Narbe hervorkomme, dürfe er ja nicht reißen, sondern solle sich sofort zum Arzt begeben. Nach 4 Tagen schon erschien der Faden und der Arzt hatte ihn bald los! Und damit war auch das Stechen verschwunden.

Chäslichrudsalbe wirkt außerordentlich gut bei allen Infektionen. Offene Wunden desinfiziert es genausogut wie das Kabisblatt. Bei Umlauf wirkt es wie das Kabisblatt. Man behalte also dieses kostbare Heilmittel gut im Auge.

Die Zuckerkrankheit (Diabetes)

Man nennt diese Krankheit so, weil der Zuckerhaushalt des Organismus gestört ist, und sich im Blut ein Übermaß an Zucker findet, so daß sich auch im Urin dieser Überschuß feststellen läßt. Es gibt verschiedene Arten der Diabetes, über welche ich mich nicht im einzelnen auslassen will. Mein Anliegen bezweckt wirksame Hilfe für die Zuckerkranken.

Die Zuckerkranken haben als besonderes Anzeichen anhaltend starken Durst und übermäßigen Urindrang. Darüber hinaus fühlt sich der Kranke elend und abgeschlagen. Die Wurzel des Übels liegt in vielen Fällen bei der Bauchspeicheldrüse, die unter dem Magen liegt und den für die Verdauung wichtigen Bauchspeichel in den Zwölffingerdarm absondert. Die Ärzte verordnen zum Ausgleich des gestörten Stoffwechselhaushaltes vor allem das Insulin und untersagen alle Speisen, die dem Körper Zucker zuführen. Die Zuckerkrankheit gilt allgemein als unheilbar. Aber ist das wirklich der Fall?

Ich bin hier einer ganz eigenen Methode gefolgt. Rührt die Zuckerkrankheit von einer Schwäche der Bauchspeicheldrüse her, verordne ich die Anweisungen des indischen Arztes Dr. Yesudian, der das Buch „Sport und Yoga" geschrieben hat. Seinen weltanschaulichen Darlegungen kann ich natürlich als überzeugter Christ in den meisten Punkten nicht folgen. Wo er aber Yogaturnen behandelt, erlangt er unbedingt meine Zustimmung. Er rät also für Zuckerkranke jeden Morgen nüchtern und bei gut gelüftetem Zimmer 5 langsame und tiefe Rumpfbeugen. Die Knie hält man dabei gestreckt und läßt die Hände den Waden nach die Fersen fassen. Die Übung muß ganz langsam und vom Bewußtsein gelenkt erfolgen, und nach jeder Übung ist eine Entspannungspause einzuschalten. Damit wird das Blut in die schwache Bauchspeicheldrüse gepreßt und sie kann sich regenerieren. Beginnende Zuckerkrankheit kann hier erfolgreich bekämpft werden. Ich befehle den Patienten aber immer, diese Übung das ganze Leben hindurch vorzunehmen. Das hat schon vielen Patienten ganz wunderbar geholfen. In Fällen schwerer und bereits jahrelanger Krankheit bringt dieses Turnen zwar nicht die Heilung, wohl aber wirksame Erleichterung.

Was dürfen die Zuckerkranken essen? Keine zuckerhaltigen Speisen. Auch den Alkohol müssen sie lassen. Besonders schlimm sind Bier und Schnaps. Aber im Gegensatz zu einer Anzahl von Ärzten verschreibe ich ihnen täglich eine gute Portion unbearbeiteter Haferflocken. Auch reiner, ungeschälter Weizen schadet ihnen nicht. Ebenso vertragen sie merkwürdigerweise den reinen Bienenhonig. Es wäre überhaupt nachzuprüfen, wie weit die anderen Getreidearten, insofern die Kleie nicht entfernt ist, den Zuckerkranken nicht schädlich wären.

Ein Beispiel: Frau Rosalia litt schon an die 30 Jahre an schwerer Diabetes. Sie hatte die Krankheit von ihrer Mutter geerbt. Sie erhielt täglich ziemlich starke Insulinspritzen. Nun war sie gut 50 Jahre alt und die Beine begannen ihr anzuschwellen. Der Arzt zuckte die Achseln und sagte: „Da ist nichts mehr zu machen!“ Ich riet nun der Frau, täglich zwei Minuten lang bis an die Knie in einer Wanne mit handwarmem Salzwasser zu stehen. Dann verschrieb ich ihr täglich eine dicke, kräftige Hafersuppe. Nach 3 Wochen waren ihre Beine abgeschwollen, und die Frau erhielt wieder Lebensmut und arbeitete wie in früheren Jahren. Die Besserung hielt an, wenn die Frau auch täglich unter der Kontrolle des Arztes Insulin spritzen mußte. Ein weiterer Fall: Gustav hatte viel Blutzucker. Es war ein stetiges Auf und Ab, ein Hoffen und Bangen; denn Gustavs Zustand war ernst. Ohne tägliche kräftige Insulingaben ging es nicht. Da ließ ich beim Müller Weizen mahlen und ließ Gustav täglich 1 Löffel voll Weizenkleie in die Suppe einrühren. Was niemand gedacht hätte: der Zuckerspiegel senkte sich rasch fast auf das Normale und so ist es geblieben! Läge hier nicht auch ein Hinweis vor, der umstürzende Folgen haben könnte? — Übrigens: wir sind so dumm oder einfältig, daß wir das gesunde Vollkornbrot verachten, möglichst frisches Weißbrot verschlingen und das Gesündeste den Schweinen und Hühnern verfüttern. Wie kann man auch! Dafür kauft man die teuersten Vitaminpräparate und glaubt, in ihnen das Heil gefunden zu haben. Die chemischen Fabriken mögen sich ins Fäustchen lachen!

Die Bauchspeicheldrüse kann aber auch durch eine Infektion angeschlagen sein. Da hilft am besten der Stechpalmentee, täglich, je nach der Konstitution und dem Alter des Patienten 10—20 Kaffeelöffelchen, in stündlichem Abstand genommen. Diese Art von Diabetes ist ohne weiteres auf diese Weise heilbar. Die Kur ist umso wirksamer, wenn zur gleichen Zeit auf die untere Magengegend nächtliche Kabisblattauflagen gemacht werden.

Ein besonderer Fall ist die sogenannte traumatische Diabetes. Ich hatte es einmal mit einer zuckerkranken Person zu tun, deren Bauchspeicheldrüse normal funktionierte. Ich suchte mit dem Pendel, bis ich eine starke Entzündung der Brustvenen herausfand. Stechpalmentee und Auflagen von Kabisblatt auf die erkrankten Brustteile halfen bereits in kaum einem Monat. In anderen Fällen waren Bauchvenen und -arterien entzündet. Die Kabisblätter wurden dann auf die Bauchseiten aufgelegt, das übrige wirkte der Stechpalmentee. Dieser Tatsache müßte eigentlich mehr Aufmerksamkeit geschenkt werden als allgemein geschieht.

In diesem Zusammenhang muß ich ein Wort von den *Bettnässerkindern* sagen. Gemeinhin gilt als Ursache des Bettnässens schwache Nieren- und Blasentätigkeit. Dies ist auch hin und wieder der Fall, aber lange nicht immer. Ich möchte hier einen Fall anführen, der wichtige Hinweise bieten kann. Ein Vater brachte mir sein elfjähriges Töchterlein Silvia. Es schien ein sehr gewecktes, intelligentes Kind zu sein, war aber seelisch schwer hergenommen. Es näßte Tag und Nacht und deswegen erntete es ständige Vorwürfe von seiten der Eltern und den Spott seiner Gespielen. Beim Pendeln stellte ich den Einfluß eines unterirdischen

Wasserlaufes unter dem Bett des Kindes fest. Ich ließ das Bett mit 2 Kupferringen isolieren. Weiter gab das Pendel starke Diabetes an. Das Kind mußte täglich Rumpfbeuge machen, dazu gehörig Haferflocken essen und in angemessener Menge Stechpalmentee trinken. Nach drei Monaten kam der Vater wieder mit dem Kind zu mir; es war vollständig geheilt. Eine Kontrolle nach einem Jahr stellte die anhaltende Besserung fest.

Viele Psychiater suchen die Ursache des Bettnässens in psychischen Störungen. Dies mag in einzelnen Fällen stimmen, aber die weitaus größere Zahl der Bettnässerkinder leidet unter Ursachen, wie ich sie bei Silvia festgestellt hatte. Ein tüchtiger Arzt wird also bei einem Bettnässerkind unbedingt auch die Zuckerprobe anstellen.

Lange nicht immer ist übermäßiger Urindrang bei älteren Männern mit Abgang von wenig Urin ein Prostataleiden, wenigstens nicht primär. Sehr oft ist Diabetes mit im Spiel. — Eigentliche Prostataleiden konnten mit täglichen, zweiminütigen Sitzbädern in handwarmem Salzwasser leicht geheilt werden. So fanden auch Hodenschwellungen überraschend Heilung. Einigen Erfolg zeigt diese Heilart auch bei funktionsuntüchtigen Hoden.

Man hat mich auf die gute Wirkung von kleinblütigem Weidenröschentee bei Prostataleiden aufmerksam gemacht, ebenso auf die gute Wirkung von täglich 3mal 30 Kürbiskernen, durchgekaut.

Im übrigen lese man nach, was ich in meiner zweiten Schrift, in „Raten und Retten", im Kapitel „Fremde Behandlungsmethoden" geschrieben habe. Zusätzlich möchte ich auf das, was in der gleichen Schrift und in „Sammeln und Sichten" unter dem Titel „Zentrum X" zu lesen ist, hinweisen. Es sind grundsätzliche Überlegungen, denen man besondere Aufmerksamkeit schenken sollte.

Drüsen und Hormonstörungen Ekzeme

Von den größten Drüsen, wie Leber, Nieren, Schilddrüse, Bauchspeicheldrüse und Milz haben wir schon gesprochen. Nun noch ein Wort von den Fett- und Hormondrüsen, welche die Haut- und Geschlechtstätigkeit regeln. Ich gehe auch hier nicht auf Einzelheiten ein, sondern möchte bloß Ratschläge geben, die bei Funktionsstörungen und Krankheiten von Nutzen sind.

Fettleibigkeit geht meist auf eine mangelnde Fettdrüsentätigkeit zurück. Erfahrungsgemäß hilft hier am besten und wirksamsten der Frauentee von Pfarrer Künzle. Er hilft auch bei Männern! Man hüte sich aber vor Schlankheitsmitteln, die Jod enthalten. Sie können sich sehr schädlich auf die Schilddrüse und das Rückenmark auswirken, wie ich öfters feststellen konnte. Natürlich muß bei Fettleibigkeit auch eine entsprechende Diät eingehalten werden.

Und hier sei ein klärendes Wort über die verschiedenen Frauenleiden gesagt. Die Ursache dieser lästigen und oft peinlichen Leiden liegt vornehmlich in der Hirnanhangdrüse (Hypophyse). Sie steuert die hormonalen Tätigkeiten. Wo ständiges Kopfweh ist, wo eine Frau an Weißfluß leidet oder die Periode gestört ist, muß die Hirnanhangdrüse getestet werden. Sehr gut helfen nächtliche Auflagen von Kabisblatt auf den Nacken. Am Morgen wird der Nacken und der Hinterkopf 3 Minuten mit Olivenöl gut eingerieben. Meist verschwinden die Störungen dann innerhalb eines Monats. Falls sich am Nacken in den ersten Tagen ein leichter Ausschlag zeigt, ist mit der Behandlung ruhig fortzufahren. Dazu ist abends immer eine Tasse Frauentee Nr. I/25 von Pfarrer Künzle zu trinken. Ich sage die volle Wahrheit, wenn ich behaupte, daß mir Hunderte von Frauen für diesen Rat gedankt haben. (Ausführlich erläutert und ergänzt in „Raten und Retten" in den Kapiteln „Migräne" und „Kopfblutungen".)[1]

Wenn ich in diesem Zusammenhang auch etwas über die berühmte „Pille" sagen darf, dann lautet es: Strikte Hände weg davon! Ich rede hier nicht als Geistlicher vom sittlichen Standpunkt aus, sondern rein als Pendler, der bereits einiges gesehen hat. Ich rate von der Pille auch dann ab, wenn es sich lediglich um Regulierung der Periode, nicht etwa um Empfängnisverhütung, die sogenannte Geburtenregelung, handelt. Ich kenne Fälle, in denen das bedenkenlose Einnehmen der Pille die Hirnanhangdrüse vollständig zum Absterben gebracht hat. Die leiblichen und seelischen Folgen davon sind verheerend. Zur Erhärtung meiner Aussage füge ich an, was im „Vaterland" vom 5. 4. 1973 zu lesen stand: „Nebenwirkungen der Pille: Durch den Gebrauch der Pille treten bei etwa einem Viertel der Frauen mehr oder weniger starke Nebenwirkungen auf, die sich in Gewichtszunahme, Erbrechen, Kopfschmerzen, Ner-

---

[1] Von weiteren hormonal bedingten Leiden von Frauen und Männern handelt ausführlich meine dritte Schrift „Sammeln und Sichten", die in dieser Hinsicht völlig neue Wege weist und über erstaunliche Erfolge berichtet.

vosität und Störung der Blutgerinnung äußern können. Von Biochemikern wird darauf verwiesen, daß diese Störungen aus einem Mangel an Vitamin C entstehen könnten. Aus Tierversuchen ist bekannt, daß Östrogen — ein Hauptbestandteil der Pille — die Konzentration von Vitamin C im Gewebe nicht unerheblich verringert."

Weiters lesen wir — was ich nicht einzeln anführen will — von Todesfällen nach Einnahme empfängnisverhütender Mittel und nachfolgenden Prozessen in Schweden und Dänemark. 3 deutsche chemische Fabriken haben die Fabrikation der Pille aufgegeben, weil sie die Folgen nicht mehr verantworten könnten.

Was sollen wir erst zu der fürchterlichen Tatsache der Tötung des werdenden Lebens sagen? Folgendes Bekenntnis aus allerneuester Zeit möge zur Kenntnis genommen werden:

„Ich gehöre zu den unglücklichen Frauen, die einer Schwangerschaftsunterbrechung zugestimmt haben. Wohl hatte ich das Attest eines zweiten zu Rate gezogenen Arztes, doch der Entscheid lag bei mir, und ich wollte das Risiko, die Kinder eventuell mutterlos zurückzulassen, nicht auf mich nehmen.

Aber von dem Tage an, da ich mir angemaßt hatte, in den Schöpferplan einzugreifen, war meine Lebensfreude dahin. In jeder Knospe sah ich das Kind, das zerbrochen wurde, und jedes Kinderauge scheint mir eine Anklage. Ich büße schwer, daß ich mein Leben dem des werdenden Lebens vorangestellt habe. Gern würde ich es nun hingeben, um ‚es' leben zu lassen.

Seither spreche ich oft während des Tages die Taufformel über alle Ungeborenen, hoffend auf die Güte des himmlischen Vaters und unseres Erlösers ..."

Zur Regulierung der Periode und zur Dämpfung der Wechseljahrbeschwerden hilft immer noch am besten Pfarrer Künzles Frauentee. Hier gibt es keine schädlichen Nebenwirkungen.

Bei Entzündungen der Eierstöcke und der Eileiter helfen am besten nächtliche Auflagen von Kabisblatt und am Morgen Massagen mit Olivenöl. Manchmal hilft schon der Frauentee allein.

Was kann man Frauen raten, die keine Kinder austragen können? Dies lastet schwer auf dem Gemüt einer Mutter. In nicht wenigen Fällen ist daran Vitaminmangel schuld. Ich kannte eine Frau, die mir diesbezüglich ihr Leid klagte. Ich riet ihr täglich eine gehörige Portion Haferflokken. Nun hat sie bereits zwei kräftige, gesunde Kinder, einen Buben und ein Mädchen. Wir nennen sie nur die „Haferkinder"!

Ständiges Beißen und Hautjucken rühren bei Männern und Frauen allermeist von ungeregelter Hautdrüsentätigkeit her. Ein Vater brachte mir sein 8jähriges Kind Susanne. Es verspürte an den Händen ständig ein lästiges Jucken. Keine Salbe half. Ich stellte bei Susanne abnorme Drüsentätigkeit fest, und verschrieb dem Kinde täglich 1—2 Tassen Frauentee und morgens und abends Bäder in Kleiewasser. Nach 3 Monaten war der Juckreiz verschwunden. Ich sagte dem Vater aber, daß das Kind den Tee weiter trinken solle, da sonst in den Entwicklungsjahren wieder Beschwerden auftreten würden.

Wie konnte ich bei einem Fall von Gürtelrose helfen? Ich ließ auf die befallenen Stellen nächtlich Kabisblatt auflegen und abends vor dem Schlafengehen 1—2 Kapseln Haarlemeröl nehmen. Am Morgen mußten die kranken Stellen mit lauwarmem, gekochtem Wasser sorgfältig gewaschen werden; tagsüber wurde wieder Kabisblatt aufgelegt. In einem Monat war alles gut ausgeheilt und die Schmerzen waren verschwunden.

Ich erinnere mich lebhaft an Gerold, einen Buben, den man mir von den Bergen herbrachte. Er mochte ungefähr 11 Jahre zählen. Er sah schrecklich aus. Das Gesicht war weiß von Rufen und stellenweise war alles blutig vom Kratzen. Auch der ganze Leib war voll von diesem greulichen Ausschlag. Die Mutter Gerolds bekannte mir, daß der Bub an diesen fürchterlichen Ausschlägen seit seinem ersten Lebensjahr leide. Wo nun offene Wunden waren, verschrieb ich morgens und abends Auftragen von Chäslichrudsalbe. Die trokkenen Rufen ließ ich mit Olivenöl einschmieren. Innerlich verschrieb ich Gerold täglich abends 1 Kapsel Haarlemeröl, auch abwechselnd Nierentee und Frauentee. Als sich Gerold innerhalb eines halben Jahres zum vierten Mal zeigte, erkannte ich ihn kaum wieder: die ganze Haut war jetzt rein und der Bub munter und froh.

Unreine Haut bei Jugendlichen rührt gar nicht so selten von ungeregelter Nierentätigkeit her. Da müssen eben die Nieren zum besseren Arbeiten angeregt werden. Man merke sich, daß öfters auch Kunststoffe schuld sind an Hautreizungen.

Nicht alle Leute ertragen Kunstfasern, vor allem nicht Leute, die stark schwitzen. Bei leichteren lokalen Entzündungen der Haut kann mit Vorteil Fissanpulver eingepudert werden. Ein übriges, um die Haut gesund und rein zu erhalten, sind kurze Bäder und Waschungen. Reinlichkeit kann nicht genügend ans Herz gelegt werden.

Ein Weiteres, von wo die lästigen Pickel und der unreine Teint herrühren, kann man auf Seite 140 ff lesen.

Ob man auch dem sehr lästigen Fußpilz beikomme? Einen Fußpilz habe ich auf folgende Weise weggebracht: die vom Pilz befallenen Stellen ließ ich 3 Minuten lang kräftig mit Olivenöl einmassieren. Hernach wurde ziemlich feines Kochsalz ins Öl verrieben, dann alles abgetrocknet. Der betreffende Patient sagte mir, es habe geholfen. — Ob es nur ein Zufall war, oder als feste Regel gelten kann — auf jeden Fall kann man es ja probieren!

Der Kopf

Da der Kopf das Gehirn trägt und damit die Nervenzentrale, bedarf er beim Pendeln der besonderen Aufmerksamkeit.

Jemand klagt über ständige Kopfschmerzen. Er hält sich mit Kopfweh- und Schlafpillen mühsam über Wasser. Das Übel wird auf diese Weise nur für Stunden zugedeckt, und nachher ist es umso schlimmer.

Hier hat nun vor allem wieder das Pendel seine Aufgabe. Chronische Kopfschmerzen können vielfältige Ursachen haben.

Rühren diese Kopfschmerzen von Gallen- und Verdauungsbeschwerden her, muß von dieser Seite Abhilfe geschafft werden. Wenn diese Schmerzen bei Frauen von hormonalen Störungen kommen, hilft, wie schon gesagt, am wirksamsten der Frauentee.

Schuld an einem schweren, benommenen Kopf trägt nicht selten eine Stirnhöhleneiterung oder ein Stirnhöhlenkatarrh. Da helfen Gesichtsbäder mit Salzwasser, nächtliche Auflagen von Kabisblatt und am Morgen Einreibungen mit Olivenöl. Diese Kur braucht aber meist einen guten Monat und die katarrhalischen Stoffe treten dann durch Augen und Nase aus.

Dasselbe hilft bei Kopfgrippe und bei Trigeminusnerventzündungen, die sehr schmerzhaft sind.

Bei Hirnhautentzündungen reichen morgens, mittags und abends Auflagen von Kabisblatt. Sofern die Behandlung rechtzeitig einsetzt, geht die

Hirnhautentzündung rasch und ohne Komplikationen vorüber. Doch hält man diese Erkrankung besser unter Kontrolle des Arztes. In Fällen, wo der Arzt nicht erreichbar ist, darf man ruhigen Gewissens das Kabisblatt anwenden.

Ständige Kopfschmerzen, verbunden mit Schwindelanfällen, kommen nicht selten durch Gehirnverletzungen. Diese können verursacht sein durch Stürze oder Schläge. Ist nur ein Kopfknochen verletzt oder gerissen, helfen bei einiger Ausdauer tägliche dreiminütige Einreibungen mit Olivenöl. Die Haare müssen dann kurz geschnitten werden, damit das Öl besser in den verletzten Knochen eindringen kann. Schlimmer ist die Sache bei einer Hirnverletzung mit nachfolgender Blutung. Bei einer eigentlichen Hirnverletzung soll der Pendler die Hände strikte vom Verunglückten lassen! Anders liegt die Sache bei jahrelangem Kopfweh, wo ein Blutgerinnsel die Schuld trägt. Margit war neunjährig, als sie eine Treppe hinunterstürzte und auf den Hinterkopf fiel. Seit jener Zeit hatte das Kind ständige Kopfschmerzen, die es oft zum Weinen brachten. Vier Jahre später sprach Margits Vater mit mir über die Sache. Es sei bereits so viel wie beschlossen, durch eine Operation das Blutgerinnsel zu entfernen. Wer läßt sich aber gern die Schädeldecke abheben? Ich riet tägliche tüchtige Einreibungen mit Olivenöl in den Haarboden. Und siehe, nach 5 Wochen sagte Margit ganz unvermittelt: „Du, Vati, heute habe ich kein Kopfweh mehr!“ Der Erfolg war bleibend!

Dazu muß ich aber bemerken: falls nebst dem Blutgerinnsel noch überschüssiges Gehirnwasser vorhanden ist oder eine Hirnanhangdrüsenentzündung vorliegt, darf man kein Kohlblatt auflegen, bis sich nicht das Blutgerinnsel aufgelöst hat. Sonst entstünden unerträgliche Schmerzen im Kopf.

Einen interessanten Fall möchte ich hier mitteilen, da er unter Umständen auch Ärzten einen Hinweis geben kann. Man brachte mir eine junge Frau, die an epileptischen Anfällen litt. Diese Anfälle hatte sie seit einem Autounfall. Die Frau wurde seinerzeit in der Klinik röntgenisiert. Es fand sich an der Stelle der Verletzung eine ziemlich dunkle Stelle. Zugleich ergab der Bluttest das Vorhandensein eines Tumors. Daraus wurde der Schluß gezogen: Kopftumor. Eine Operation erschien aussichtslos und so wurde die Frau einfach aus der Klinik entlassen. Ich stellte aber einen Gebärmuttertumor gutartiger Form fest. Im Gehirn jedoch zeigte das Pendel gestocktes Blut von einem starken Bluterguß an.

Hier darf ich aus den gemachten Erfahrungen heraus einen wichtigen Hinweis nicht übergehen. Und dies umso weniger, als zwei gute Bekannte, darunter auch ein Priester, in trauriger Weise ihr Leben beschließen mußten. Es stellte sich bei ihnen immer stärkeres Kopfweh ein. Die ärztliche Diagnose lautete richtig auf Kopftumor. Indes hatte in beiden Fällen der Tumor eine Lage, die es unmöglich machte, ihn operativ zu entfernen; ebenso erwiesen sich allfällige Bestrahlungen als unmöglich. Man mußte die beiden lieben Menschen dem unausweichlichen Schicksal überlassen, bis sie der Tod von den fürchterlichen Schmerzen befreite.

Nun kann ich mindestens drei Fälle aufweisen, wo in einer ähnlichen verzweifelten Lage Kohlblattauflagen auf den ganzen Nacken halfen. Nach 2—3 Monaten waren die Kopfschmerzen gewichen und die anscheinend rettungslos Kranken können wieder ungehindert ihrer Arbeit nachgehen.

Warum sollte man in solchen und ähnlichen Fällen nicht die Zuflucht zum Kohlblatt nehmen? Ein Risiko besteht in keinem Falle. Also scheue man die Mühe nicht und gebe nicht leichthin die Hoffnung auf.

Ist Epilepsie, die Fallsucht, heilbar? Ich betone hier mit allem Nachdruck: Epileptiker gehören unter ärztliche Kontrolle. Mehrere Fälle von leichter Epilepsie konnten wir aber heilen durch Auflagen von Kabisblatt auf Stirn und Nacken und Einreibungen mit Olivenöl. Hier muß man den Epileptikern auch immer ins Gedächtnis rufen, daß Bohnen, Erbsen und Zwiebeln einen Anfall direkt auslösen können. Sie sollen sich also vor diesen Dingen wie vor Gift hüten. Kann in schwierigen Fällen das Kabisblatt auch keine volle Heilung bringen, so bringt es doch zumindest Erleichterung.

Kopftumor sollte in manchen Fällen heilbar sein. Zu mir kam Arnold, ein kräftiger Bauer in den Dreißigerjahren. Er hatte sich wegen eines Kopftumors einer Operation unterziehen müssen. Ein Stück der Hirnschale wurde entfernt und der Tumor regelmäßig bestrahlt, doch, wie es schien, ohne großen Erfolg. Als ich Arnold das erste Mal sah, tastete er sich unsicheren Schrittes heran. Er nahm sein „Hüterl“ ab, und da bot sich ein erschreckender Anblick. Von den Haaren war nur gegen den Hals zu ein kleiner Kranz geblieben. Der nackte, narbige Schädel sah böse aus. Ich riet nun Arnold, Tag und Nacht Auflagen mit einem feuchten Tuch zu machen, das in kalten Eichenrindenabsud getaucht war. Nach einem Monat schon erklärten die behandelnden Professoren, der Tumor hätte sich zurückgebildet und weitere Bestrahlungen erübrigten sich. Arnold kam nun jeden Monat zur Kontrolle her. Nach dem zweiten Monat erschien bereits ein leichter Haarwuchs. Langsam besserte sich auch der schwankende Gang. Nach 2 weiteren Monaten trug Arnold schon wieder den vollen dunklen Haarwuchs. Er konnte auch wieder auf dem Felde arbeiten, wenn auch mit Schonung. Wie weit die Eichenrinde wirksam gewesen wäre, wenn die Schädeldecke über dem Tumor nicht entfernt worden wäre, kann ich freilich nicht sagen.

Es erweist sich nämlich, daß Eichenrinde und Kabisblatt einen gefährlichen und rasch wachsenden Tumor nicht einholen können, wenn er unter der Schädeldecke liegt.

Hier möchte ich nochmals etwas Grundsätzliches über die Eichenrinde bemerken. Von einem Beispiel habe ich bereits erzählt (Seite 17). Auflagen von Eichenrindenabsud haben schon viele Tumore geheilt. Eine Dame in den Fünfzigerjahren hatte einen faustgroßen Gebärmuttertumor. Da sie ziemlich beleibt war und ein schwaches Herz besaß, wagte der behandelnde Arzt keine Operation. Der Erfolg mit Spritzen und Pillen war gering. Da riet ich der Dame nächtliche Auflagen von Eichenrindenabsud. Nach drei Monaten stellte der Arzt fest, daß der Tumor bereits zur Hälfte zurückgegangen war. Die Dame hatte Vertrauen zur Eichenrinde und in weiteren drei Monaten war der Tumor verschwunden. Die Eichenrinde hat also eine außerordentlich aufweichende und zusammenziehende Kraft.

Noch wirksamer scheint freilich das Kabisblatt im Verein mit Olivenölmassagen zu sein. Ein Beispiel: Charlotte war ein 22jähriges Mädchen. Der Arzt wollte beim Durchleuchten zwei Gebärmütter gesehen haben. Er verlangte eine Operation, da sie sonst nie Kinder kriegen könne. Charlotte legte nun 6 Wochen lang nachts auf die linke Bauchseite Kabisblätter auf und am Morgen massierte sie dort 3 Minuten Olivenöl ein. Als sie sich nach 6 Wochen wieder dem Arzt stellte, konstatierte dieser, daß die zweite Gebärmutter vollständig verschwunden war. Was war es in Wirklichkeit gewesen? Ein harmloser Gebärmuttertumor!

Gar oft liegt aber die Ursache ständiger Kopfschmerzen im Gehirn. Frau Adele wußte sich keinen Rat mehr. Die Behandlung der Ärzte erwies sich als erfolglos. Ich stellte eine leichte Entzündung am Kleinhirn fest. Frau Adele legte nun jede Nacht breit auf den Nacken Kabisblatt und rieb am Morgen den Nacken 3 Minuten mit Olivenöl ein. Nach einem Monat hatten sowohl Kopfschmerzen wie Schwindelgefühl vollständig aufgehört. Der leicht gerötete Ausschlag auf dem Nacken, der sich nach 4 Tagen gezeigt hatte, verschwand alsbald.

Starkes Kopfweh mit rasenden Schmerzen kann auch von einem Überdruck im Kleinhirn herrühren. — Meist wird dann die überschüssige Gehirnflüssigkeit operativ abgeleitet. — Frau Anna war um die 30 Jahre alt und litt an dieser Krankheit. Sie wendete ein probates Mittel an. Sie legte nachts auf den Nacken Kohlblatt, an die 2 Monate lang und rieb am Morgen den Nacken bis gegen den Scheitel hinauf mit Olivenöl ein. Das Kohlblatt war am Morgen naß. Nach 2 Monaten war der Kopf wieder frei und alle Schmerzen waren verflogen. — Wir haben auch bei kleineren und größeren Kindern diese Kur erfolgreich angewendet.

Nicht selten sind auch motorische Störungen im 4.—5. Halswirbel die Ursache von ständigem Kopfweh. Meist sind es Entzündungen des Knochenmarks und der Bandscheiben, und der diesbezügliche Test zeigt dann auch eine Störung im Hämoglobinhaushalt (rote Blutkörperchen). Hier helfen weitaus am besten und wirksamsten reichliche Einreibungen mit Olivenöl.

In mehreren Fällen stellte ich als Ursache von Kopfweh und Schwindel Nervenverklemmungen im 3.—5. Kreuzbeinwirbel fest. Da half tägliches Einmassieren von Olivenöl und ein die untere Wirbelsäule entspannendes Turnen.

Solche und ähnliche Störungen, besonders Schlafstörungen, können ihre Ursache auch in einem Nervenstrang haben, der bei Erwachsenen je 10 cm, bei Kindern je 8—9 cm rechts und links vom 5. Kreuzbeinwirbel liegt. Peterli war 2 Jahre alt. Er wollte nachts einfach nie einschlafen, und schlief er einmal, so rief er die Eltern bereits wieder nach einer halben Stunde. Die Eltern waren bald am Verzweifeln; auf diese Weise gingen ihre Nerven dem Ruin entgegen. Ich testete erst auf Wasseradern. Von solchen war keine Spur. Oder hatte das Büblein eine Störung im Kopf? Auch das bewahrheitete sich gottlob nicht. Die Störung lag beim ausgehenden Rücken. Man rieb Peterli also täglich 2 Minuten lang die besagte Stelle mit Olivenöl ein, und schon am dritten Tag schlief das Kind stundenlang ruhig und ungestört!

Nicht selten wird bei Kopfstörungen Epilepsie vermutet. Sehr zu Unrecht. Man brachte mir einst Walter, einen elfjährigen Buben. Er bekam täglich Ohnmachtsanfälle, jedoch ohne die Anzeichen, welche das fallende Weh begleiten. Walter mußte deswegen von der Schule dispensiert werden. Behandlungen gegen Epilepsie waren erfolglos und man stand vor einem Rätsel. Ich stellte eine Entzündung am Kleinhirn fest und befahl Kabisblattauflagen und Einreiben mit Olivenöl. Nach einem Monat konnte Walter wieder ungehindert die Schule besuchen.

Erneut möchte ich zusammenfassend auf das verweisen, was ich in neuen und grundlegenden Erkenntnissen in „Raten und Retten“ und „Sammeln und Sichten“ dargelegt habe.

Es ist erstaunlich, daß Ärzte derart gegen eine seriöse Handhabung des Pendels eingestellt sind. Würden sie es selber in ihren Dienst nehmen, könnten sie vielen Patienten auf einfache Weise helfen. Aber meist heißt es: Das ist zu primitiv, um wahr zu sein. Es gibt jedoch viele Dinge zwischen Himmel und Erde, welche die Schulweisheit nicht kennt oder nicht zur Kenntnis nehmen will.

Knochen, Sehnen, Muskulatur

Seriöse Pendler sind keine Scharlatane, sondern Leute vom Fach. Das Pendel erhält gerade dort eine überragende Bedeutung, wo nicht lange gesucht und experimentiert werden darf, sondern sofort zugegriffen werden muß. — Ein Arzt verliert sicher nichts an Autorität, wenn er sich durch das Pendel auf den richtigen Weg weisen läßt. Gewiß hilft die exakte Wissenschaft vielfach auf die rechte Spur, aber das Verfahren ist oft kompliziert und zeitraubend. Bei der Diagnose hat also das Pendel eine wichtige Funktion, und es ist noch brauchbarer als die Augendiagnose, weil es zugleich in kürzester Zeit auch das Heilmittel angeben kann. Dies wird besonders offenbar bei der Diagnose von inneren Erkrankungen bei Kleinkindern; und überdies auch noch in der Veterinärmedizin bei schwer zu deutenden Erkrankungen der Tiere.

Wir sprechen nun von Rheuma, Ischias, Knochenerkrankungen, Gicht und Arthritis.

Zuerst hat das Pendel festzustellen, welcher Art die Erkrankung einer schmerzenden Stelle ist.

Rheuma bringt man in kurzer Zeit durch kräftige Einreibungen mit Olivenöl weg. Man darf 1—2mal in der Woche auch etwas Kochsalz mit dem Öl einreiben. Die Haut wird dabei rot wie Feuer, und manchmal sind die Schmerzen bereits am 2. oder 3. Tag verschwunden. Gelenksrheumatismus dagegen gehört unter die Kontrolle des Arztes. Doch schaden auch hier die nächtlichen Kabisblattauflagen und am Morgen Einreibungen mit Olivenöl nicht. Nierentee und Einreibungen der Nierengegend mit Olivenöl helfen zusätzlich.

Halskehre beseitigt man wie gewöhnlichen Rheumatismus.

Ischiasentzündungen und Hexenschuß heilt man am ehesten mit Kabisblattauflagen sowie nächtlichen und morgendlichen milden Einreibungen mit Olivenöl. Wo im Gefolge der Ischiasnervenentzündung Fieber auftritt und der Patient das Bett hüten muß, empfehlen sich morgens und abends Kabisblattauflagen. Zwischen den Auflagen wäscht man die Schmerzstellen mit lauwarmem Wasser.

Gar nicht so selten können auch die Waden entzündet sein. Die Vermutung geht dann gewöhnlich auf Venenentzündung. Philipp hatte schon zwei Jahre immer schmerzhaft angeschwollene Waden, schenkte dieser Tatsache aber keine besondere Beachtung. Eines Tages mußte er sehr rasch eine Straße überqueren. Da war es ihm, als stieße ihm jemand ein Messer in die Wade. Schon glaubte er, eine Vene sei geplatzt. Als er den Fuß freimachte, stellte er mit Aufatmen keinen Bluterguß fest; jedoch war die Wade dick geschwollen und sah braunrot aus. Es war eine Entzündung des Ischiasnervs. Philipp mußte 1 Woche lang nachts Kabisblatt auf die Wade binden und am

Morgen 3 Minuten sanft, aber reichlich Olivenöl einschmieren. Nach einer Woche war alles bereits in Ordnung.

Dasselbe gilt von Nervenentzündungen, sei es an Armen, Händen oder Beinen.

Sehnenscheidenentzündungen sind sehr schmerzhaft und langandauernd. Sie haben auch einen weiten Ausstrahlungsradius. Am besten haben sich auch hier Kabisblattauflagen bewährt und Einschmieren mit Olivenöl. Hier muß auch bemerkt werden: wenn z. B. die Schultersehnen entzündet sind, z. B. durch Erkältung und Strapazieren, muß das Olivenöl bis zum Handgelenk eingeschmiert werden, sonst hilft die Kur nicht viel.

Hand- und Fußsehnenentzündung finden auch wesentliche Erleichterung, wenn man erst die Hände oder Füße in handwarmem Salzwasser 2 Minuten badet, nachts dann Kabisblatt auflegt und am Morgen 2—3 Minuten mild mit Olivenöl einschmiert. Bei Sehnenentzündung soll man nicht massieren, sondern bloß schmieren.

Einfache, nicht tuberkulöse *Knochenentzündungen* werden am besten mit Olivenöleinreibungen geheilt. Dasselbe wendet man mit Erfolg bei Knochenrissen an: in einem Monat ist die Rißstelle auf diese Weise meist ausgeheilt. Auch nach Knochenbrüchen, sobald der Gips entfernt ist, helfen Einreibungen mit Olivenöl zu einer raschen Ausheilung. Noch stärker als das Olivenöl allein wirkt das sogenannte Dreiöl. Wir reiben erst eine Minute Olivenöl ein; hernach in das bereits aufgetragene Olivenöl eine weitere Minute Kampferöl und letztlich in der 3. Minute in die beiden

Öle noch Eukalyptusöl. Nachher trocknen wir ab. Je 100 g von jedem Öle reichen für einige Zeit. Ich möchte aber ausdrücklich bemerken: es muß Kampferöl und Eukalyptusöl sein. Kampfer- und Eukalyptusalkohol helfen hier nichts. Ich mische diese drei Öle nicht miteinander, sondern lasse sie der Reihe nach einzeln einreiben.

Ich kann hier von einem interessanten Fall berichten. Ein Mann in den Vierzigerjahren hatte sich vor 11 Jahren einen Fuß kompliziert gebrochen. Der Arzt tat sein möglichstes, aber der Fuß wollte nie richtig ausheilen. Raimund, so hieß der Mann, hatte stets einen dick geschwollenen Fuß und beim Gehen starke Schmerzen. Begreiflich, denn ein Knochen stand heraus. Raimund besuchte nacheinander 10 Knochenspezialisten. Der eine riet einen künstlichen Einsatz, der andere eine direkte Amputation des Fußes. Raimund konnte sich zu einer solchen Operation nicht entschließen. So gingen die Jahre dahin. Eigentlich ganz zufällig führte mich ein Geschäft mit Raimund zusammen. Ich riet ihm abends immer ein zweiminütiges handwarmes Salzwasserbad und nachher eine zweiminütige Einreibung mit Olivenöl. Nach einem Monat konnte Raimund bereits einen halbtägigen Ausflug zu Fuß auf die Berge wagen. Der Fuß war am Abend nur ganz leicht geschwollen. Nach einem weiteren Monat war der Fuß ganz abgeschwollen und Raimund ging wieder ungehindert zu Fuß. Das Fußbad aber und die Einreibungen mußte er weiter machen, der Knochen stand immer noch heraus. Eines Tages traf ihn der Arzt, der den Bruch behandelt hatte. Er staunte, daß Raimund ungehindert einhermarschierte. Nach einiger Zeit mußte sich Raimund wegen eines anderweitigen Leidens in Spitalsbehandlung begeben. Er konnte Fußbad und Einreibungen nicht weiterführen. Sofort begann der Fuß wieder zu streiken. Nach der Entlassung aus dem Spital aber führte er die bewährte Kur wieder weiter, und bald arbeitete der Fuß wieder ungehindert.

Von der Behandlung der *Arthritis* habe ich schon früher gesprochen (Seite 97). Eines aber habe ich merkwürdigerweise in Dutzenden von Fällen festgestellt: wo die Ärzte von Arthritis in der Wirbelsäule sprachen, fand ich dies nur in einem einzigen Fall bestätigt. Von der Arthritis werden hauptsächlich die Schulterkopf-, Knie-, Hand- und Fußgelenke befallen. Was also ärztlicherseits als Arthritis in der Wirbelsäule angesehen wurde, war meist nichts anderes als eine gewöhnliche Knochenentzündung oder eine Bandscheibenentzündung oder eine Entzündung des Rückenmarks, entstanden durch Überforderung. Wenn mir jemand über Schmerzen an irgendeinem Punkt der Wirbelsäule klagt, kontrolliere ich immer auch die Füße. Fußsenkungen sind dann meist die Hauptursache dieser Leiden. Richtige Fußstützen und tägliche Einreibungen der Wirbelsäule mit Oilvenöl helfen bald und durchschlagend.

Wenn Frauen nur bedenken würden, welche Schäden Bleistiftabsätze, dann wieder Patschen, leichte Plastiksandalen und zu enges Schuhwerk verursachen! Ich nenne solche Frauen Märtyrerinnen, aber ohne Verdienst für den Himmel! Es gilt aber für Männer und Frauen: Leute mit kräftiger Statur bedürfen stärkeren und tragenden Schuhwerks. Kneippsandaletten sind recht für junge flinke Leute oder zum Ausruhen, aber nicht zum ständigen Gehen für korpulente Personen.

Es knarrt in den Gelenken, sie verursachen starke Schmerzen und drohen steif zu werden. Gar nicht so selten fehlt es nur an der Gelenksschmiere. Man reibt dann fleißig Olivenöl ein, etwa 4 Wochen lang täglich, dann immer wieder 2—3mal in der Woche, und die Schmerzen verschwinden allgemach.

Gicht braucht viel längere Zeit zur vollständigen Heilung als die Arthritis. Ihre Ursache ist überschüssige Harnsäure, nicht selten herrührend von Lymphstörungen. Also muß von zwei Seiten her behandelt werden: Ein kräftiger Nieren-Blasen-Tee schafft die Harnsäure aus dem Blut. Wir massieren mit Olivenöl die Stellen der Lymphstörungen. Die von der Gicht befallenen Glieder dagegen, sofern man sie leicht baden kann, sollen lange Zeit täglich ein zweiminütiges handwarmes Salzwasserbad erhalten. Dann legen wir nachts Kabisblatt auf und reiben am Morgen 3 Minuten kräftig mit Olivenöl ein. Mit der Zeit lösen sich die Gichtknoten auf und die Gelenke tun wieder ihren Dienst. Indes betone ich nochmals: hier hilft nur eine lang andauernde Kur, besonders dann, wenn das Übel schon Jahre alt ist. Eine vernünftige Ernährung tut das übrige zur Heilung.

Gelegentlich wird auch *Polyarthritis* festgestellt. Meiner Meinung und Erfahrung nach wirken hier die Ursachen von Gicht und Arthritis zusammen. Merkwürdigerweise kann das eine Glied von der Gicht, das andere von der Arthritis befallen sein. In solchen Fällen muß auch die Behandlung kombiniert werden, soll ihr ein Erfolg beschieden sein.

Ist die gefürchtete *multiple Sklerose* heilbar? Auf jeden Fall habe ich festgestellt, daß Kabisblattauflagen auf dem ganzen Rücken, verbunden mit nachfolgenden Einreibungen mit Olivenöl, bereits leichte Besserung gebracht haben. Man versuche also dieses Letztmögliche, ehe man den Patienten aufgibt. Überdies ist bei multipler Sklerose auch der Wasseraderntest zu machen, und nicht ungünstig müßten sich Kabisblattauflagen an den Hals, wie bei der Arthritis, auswirken. Doch kann ich hier nichts Bestimmtes sagen, da ich nur zwei solche Fälle behandeln konnte. Nicht immer rechtfertigen Schmerzen im unteren Rücken den Verdacht auf multiple Sklerose. Sehr oft handelt es sich um Störungen im Zentrum X, wie man dies in „Raten und Retten" und „Sammeln und Sichten" im entsprechenden Kapitel nachlesen kann.

Kann man *mongoloiden Kindern* helfen? Diese Frage kann ich nicht beantworten. Ich weiß nur, daß ein mongoloides Kind bei Auflagen von Kabisblatt auf das Kreuz bis zuunterst am Rücken und mit Einreibungen von Olivenöl viel ruhiger wurde. Auch Pfarrer Künzles Frauentee half mit zur Beruhigung des Kindes.

Man brachte mir auch mehrere Kinder, die an ständigem Nervenzucken litten und auch geistig behindert waren. Ich ließ, wo das Pendel Krankheitsherde anzeigte, Kabisblatt auflegen. Es folgte nachher eine starke Rötung der Haut und ein Ausschlag. Zur gleichen Zeit verschrieb ich auch den Frauentee. Eines der Kinder, das regelmäßig diesen Tee bekam, war nachher ganz ruhig und verträglich geworden.

Die Augen

Für dieses kostbare Licht des Leibes können wir nicht genug Sorge tragen. Bei Veränderungen der Linse leisten unsere Optiker mit ihren fein geschliffenen Gläsern unschätzbare Dienste. Aber dafür verdirbt der heutige Mensch die Augen mit Dutzenden von unvernünftigen Dingen. Vor allem schadet zu scharfes Licht und Arbeiten bei Licht, das direkt auf die ungeschützten Augen fällt. Sehr wichtig ist auch die Unterlage, auf der man schreibt. Am besten ist ein mildes Grün. Man kann sich auch einen Augenschirm zuschneiden, der das direkt anfallende Licht abschirmt. Die es sehen, sollen ruhig lachen; mir aber schützt es wirksam die Augen. Viele Leute lesen bei weißen Decken im Bett. Der grelle Reflex ist besonders schädlich. Manche lesen bei zweifelhaftem Licht die auf schlechtes Papier schmierig gedruckten Boulevardblätter oder billigen Romanhefte. Der geistigen Verdunkelung, die solche Lektüre mit sich bringt, folgt unweigerlich auch die Schwächung des natürlichen Augenlichtes! Schlimm ist überdies alles Lesen beim Essen. Aber da predigt man den Wänden! — Was tun wir nun, wenn die Augen bereits erkrankt sind?

Frau Sofie litt schon längere Zeit an grauem

Star, der nichts anderes ist als eine Trübung der Linse. Ich maße mir nicht an, ein Augenarzt zu sein, aber jener Frau, die bereits auf einem Auge blind und auf dem andern stark sehgestört war, half folgendes: Sie goß lauwarmes Wasser morgens und abends in ein Becken, ließ darin einen Kaffeelöffel Meersalz zergehen (auch gewöhnliches, sauberes Kochsalz tut denselben Dienst!), hielt dann das Gesicht ins Wasser und öffnete unter Wasser die Augen ungefähr eine Minute. Sie machte dabei kurze Atempausen. Nachher trocknete sie das Gesicht, besonders die Augenbrauen, gut ab und blieb etwas an der Wärme. Nach einem Monat hatte das eine Auge bereits wieder die volle Sehkraft erlangt, das andere erholte sich ebenso zusehends. Nun nimmt sie nur noch jeden Abend ein Augenbad und sieht wieder.

Bei schwarzem Star (Netzhautablösung) verordne ich genau das gleiche, sofern die Netzhautablösung erst beginnt. Frau Amalia, die bereits 78 Lenze zählte, litt an dieser Krankheit und sie befürchtete eine volle Erblindung. Das noch gesunde Auge wurde stark in Mitleidenschaft gezogen und war auch auf das höchste gefährdet. Ich riet ihr, was ich Frau Sofie geraten hatte. Nach 4 Monaten stellte der sie behandelnde Arzt eine vollständige Besserung fest. Auf jeden Fall wirken sich diese absolut unschädlichen Augenbäder außerordentlich günstig auf die Druckverhältnisse in den Augen aus.

Dieselben Augenbäder rate ich auch immer bei

starker Übermüdung der Augen und bei Sehstörungen, die nicht selten die Ursache in einer schlechten Nierentätigkeit haben. Es liegt auf der Hand, daß man in letzterem Falle nicht nur die Augenbäder nimmt, sondern ebenso raschestens für eine bessere Nierentätigkeit sorgt.

Anderweitige Sehstörungen, für welche die Ärzte keine Erklärung haben, gehen oft auf Störungen im Zentrum X zurück. Man lese in „Raten und Retten“ und „Sammeln und Sichten“ nach!

Bei Tränenkanalentzündungen rate ich nachts feuchte Auflagen von kaltem Salzwassertüchlein, tagsüber Waschen mit leichtem, lauwarmem Salzwasser. Das hat in vielen Fällen meist in kürzester Zeit geholfen. Viel schwieriger ist die Behandlung von grünem Star, der als Ursache Überdruck im Auge hat. Christian, ein Bauer in den Sechzigern, sah zusehends schwächer und es war zu befürchten, daß er vollständig erblinde. Hier riet ich wie in den Fällen von grauem und schwarzem Star Augenbäder mit Salzwasser. Zugleich mußte Christian jede Nacht auf Stirn und Nacken Kabisblatt auflegen und am Morgen Stirn und Nakken lauwarm waschen. Merkwürdigerweise besserte sich die Sehkraft um einiges, wenn auch nicht vollständig, indes doch so, daß Christian jeden Tag den Stall besorgen und im Sommer auf dem Felde arbeiten kann. Nach 6 Jahren ist der Augeninnendruck konstant geblieben und von einer Operation wurde abgesehen.

Entzündungen im Glaskörper des Auges, Blutgerinnsel und Flimmern vor den Augen finden mit Hilfe besagter Augenbäder starke Besserung und in nicht wenigen Fällen sogar Heilung.

Viele Leute fürchten sich vor der leichten Augenrötung, welche die Augenbäder verursachen. Dies ist aber eine vorübergehende Nebenerscheinung, die nichts zu bedeuten hat.

Wer schlecht sieht oder ein Augenleiden hat, halte die tägliche Halsgymnastik hoch. Recht oft tragen nämlich Verklemmungen in der Wirbelsäule des Halses die Schuld an Sehstörungen. Man neige den Kopf dreimal langsam nach hinten, dann dreimal nach vorn. Hernach führe man den Kopf dreimal horizontal von rechts nach links und beschließt diese täglichen Übungen mit dreimaligem Kopfkreisen, erst von rechts nach links, dann von links nach rechts. Dieser Rat hilft übrigens auch mit, die Augen gesund zu erhalten!

Natürlich möchte ich in keinem Falle, daß sich ein Augenkranker der Kontrolle des Arztes entzieht. Es haben sich aber mehrmals Ärzte gewundert, warum sich auf einmal bei ihren Patienten, die meinen Ratschlägen folgten, eine auffällige Besserung, ja Heilung, zeigte.

Man beachte aber auch hier, was auf S. 140 ff vermerkt ist!

Die Ohren

Nicht weniger als die Augen werden auch die Ohren vernachlässigt, und bleibende Schwerhörigkeit oder sogar totale Taubheit sind die Folge. Bei scharfem Wind muß man unbedingt die Ohren bedecken. Leute in den Bergen, die stets dem Wind ausgesetzt sind, leiden meist an Schwerhörigkeit. Dies wäre nicht eingetreten, wenn sie die Ohren geschützt hätten.

Wo das Gehörleiden noch nicht chronisch ist, helfen meist Kabisblattauflagen auf das Ohr und an Kiefer und Hals. Nach der nächtlichen Auflage reibt man die Umgebung des kranken Ohres sowie Kiefer und Hals 3 Minuten kräftig mit Olivenöl ein. Nach einem Monat ist das Leiden meist behoben.

Starken Schaden leiden die Ohren durch ständigen und überlauten Lärm. Es kann vorkommen, daß ein Ohr vollständig in Ordnung scheint. Aber die Gehörnerven sind verbraucht. Einreibungen mit Olivenöl können vielleicht etwas Erleichterung bringen. Man versuche auch Auflagen von feuchten Salzwassertüchlein. Doch wird sich in solchen Fällen eine Heilung kaum mehr bewerkstelligen lassen.

Bei Trommelfellrissen und Schädigung der feinen Ohrknöchelchen können Einreibungen mit Olivenöl einiges bessern. Aber der Arzt muß unbedingt zugezogen werden.

Hin und wieder scheint das Ohr ganz in Ordnung zu sein, und doch ist immer ein Druck oder ein dumpfes Gefühl im Gehör, stellenweise auch ein Sausen und Läuten. Da kann es auch sein, daß die Ohrtrompete, die sogenannte Eustachische Röhre, verschleimt ist. Da helfen wiederum Kabisblattauflagen auf Kiefer und Hals und Einreibungen mit Olivenöl. Meist lösen sich diese Stoffe in 3 bis 4 Wochen.

Nicht selten sind diese Erscheinungen verbunden mit einem dumpfen Kopf, ja ständigem Kopfweh. Hier handelt es sich meist um einen Stirnhöhlenkatarrh. Da empfehle ich Gesichtsbäder mit Salzwasser, Auflagen nachts mit Kabisblatt und am Morgen kräftige Einreibungen mit Olivenöl. Aber wie gesagt: es braucht meist 4 Wochen Geduld! Und falls es von schlechten Zähnen kommt, hat der Zahnarzt einzugreifen! Mit angefaulten Wurzeln und mit Eiterzähnen ist nicht zu spaßen. Bei leichten Kieferentzündungen aber helfen meist recht gut täglich kräftige Einreibungen mit Olivenöl.

Natürlich muß immer der Herd und die Ursache des Leidens richtig festgestellt sein, bevor man die Behandlung beginnt.

Noch kurz ein Wort über den sogenannten Mumps, eine Erkrankung der Ohrspeicheldrüsen. Man vernachlässige diese Krankheit nie. Sie kann schwere Folgen haben. Außer, daß man den Kopf vor Luftzug schützt, lege man nachts Kabisblatt auf und reibe morgens mit Olivenöl gut ein. Liegt der Patient im Bett, kann man Tag und Nacht Kabisblatt auflegen.

Der Mund

Louis, ein guter Bekannter, litt schon monatelang an lästigen und schmerzhaften Mundbläschen. Das beste Essen wurde ihm zur Qual. Der Arzt sprach schon von einer Operation. Da riet ich meinem Freund mehrmalige tägliche Spülungen des Mundes mit leichtem, lauwarmem Salzwasser. In knapp einem Monat waren alle Mundbläschen fort!

Dieselbe Kur hilft auch bei aufgerissener und wunder Zunge. Die Leute haben heute eine fürchterliche Angst vor Krebs und Tumor. Jedes Kopfweh müßte sicher schon einen beginnenden Tumor anzeigen. Ein bißchen Bauchweh könnte schon Magenkrebs sein! Oder wenn einmal die Rippen etwas gestoßen sind und schmerzen, wäre sicher schon Tuberkulose im Anzug. Die Angst vor solchen Dingen rührt von den vielen Popularvorträgen her, die unsere Leute mehr verwirren als sie ihnen nützen. Diese Angst ist aber immer der beste Nährboden für Krankheiten! Wo aber wirkliche Anzeichen sind, muß augenblicklich gehandelt werden.

Falls die Zähne wackeln, ist es meist ein Zeichen von Vitaminmangel. Falls man täglich eine gute Portion Haferflocken ißt, werden die Zähne von selber wieder fest. Probiert es nur einmal!

Es wird heute ständig zur besseren Pflege der Zähne aufgerufen. Aber was nützt dies alles, wenn auf der einen Seite ständig die Zähne geputzt werden, auf der anderen Seite durch unvernünftiges Essen alles wieder in Frage gestellt wird? Ofenwarmes Brot, schwammiges, zu heiß gebackenes Weißbrot, dazu ständiges Lutschen von Süßigkeiten sowie eiskalte Getränke — da frage man nicht, warum die Kinder oft schon miserable Zähne haben und über Magenschmerzen klagen. Brot sollte erst nach 2mal 24 Stunden auf den Tisch kommen. Es gäbe einen viel sparsamer und besser ausgenützten Brotkonsum und auch nicht so viele Würmer. Gegen die lästigen und heimtückischen Eingeweidewürmer habe ich als bestes Gegenmittel den Stechpalmentee herausgefunden. Für Kinder genügen Gaben von 5—10 Löffelchen pro Tag, jede Stunde 1 Löffelchen bei Erwachsenen, je nach Stärke des Herzens Gaben von höchstens 12—20 Löffelchen pro Tag. Stechpalmentee ist viel angenehmer als Knoblauch und ist ebenso wirksam bei Mensch und Tier.

Die Nase

Unser Riechorgan macht sich meist erst bei Schnupfen bemerkbar. Sehr wirksam und entzündungshemmend ist die Chäslichrudsalbe, zwei bis dreimal täglich in die Nase gestrichen. Oder wie ich es mache: ich bringe Olivenöl in das Naseninnere und schiebe feines Kochsalz nach. Es fließt dann viel Wasser und die Nasenschleimhäute sind bald wieder normal.

Vom Heuschnupfen, dem Kreuz so vieler Kinder und Erwachsener zur Blütezeit des Grases, sowie von den die Atmung sehr hemmenden Nasenpolypen habe ich das Wesentliche bereits früher gesagt (Seite 81).

Umstürzend?

Könnte ich aufgeschlossenen Ärzten etwas Umstürzendes mitteilen? Würde es in einem gewissen Sinne nicht fast revolutionär erscheinen? Ich bin von Natur aus ein Feind von Sensationen und sage nur, was ich nach vielen Proben festgestellt habe. Ich stehe zum Beispiel voll und ganz zu dem, was ich auf Seite 69 von den verschiedenen Infektionen schrieb. Auf Grund meiner neuesten Erfahrungen mit dem Pendel und dem Öltest möchte ich diese Infektionen in bezug auf ihre Art und Entstehung auf Lymph- und Arterienvergiftungen oder auf Primärstufen von Gewebevergiftungen, die auf Abszesse hin tendieren, einteilen. Tatsächlich sind Infektionen der 2. Art mit Hilfe der Olivenölmassagen in einigen Fällen dann als Abszesse mit starkem Eiterabfluß aufgebrochen. — In bezug auf die Lage stellte ich diese Infektionen hauptsächlich an den unteren Nackenpartien und den oberen Schulterblättern fest, mit Ausstrahlungen auch auf die oberen Brustteile. Oder sie befanden sich in den Oberleibspartien, meist in der Herzhöhe oder dann im Unterleib, in der Höhe der Kreuzbeinwirbel.

Bei den Halsinfektionen stecke ich mit dem Pendel erst das „Terrain" ab. In den meisten Fällen findet sich die Infektion in der Höhe des 6. und 7. Halswirbels. Erst stelle ich die Art der Infektion fest. Dann suche ich den Herd und die Streuung. Die Infektion kann beim Schlüsselbein, beim Schulterblatt links, beginnen und sich über die Schulterpartien unter dem Nacken durch kragenförmig bis über die Wirbelsäule rechts, ja sogar über das Schulterjoch hinaus, hinziehen. Ich habe Längenmaßstreuungen bis über einen halben Meter und mehr und Streuungen vom Nacken abwärts vorn und hinten bis über 30 cm feststellen können. Nach dreiminütigem kräftigem und reichlichem Einmassieren von Olivenöl, am Schluß, um die Sache noch eindringlicher zu sehen, mit Einreiben von etwas feinem Kochsalz, erschienen beim Abtrocknen oder bald nachher große, meist dunkelrote Flecken, die eine große Hitze ausstrahlten. Soweit die Rötung erscheint, soweit ist Infektion, mehr oder weniger dicht. Dies ist also die praktische Anwendung des Öltests, von dem ich auf S. 53 geschrieben habe.

Diese Infektionen strahlen auf die Halswirbelsäule und auf die Schultergelenke aus und bringen Erscheinungen hervor, wie wir sie typisch bei Gicht, Arthritis und Gelenksabnützungen feststellen. Sie tragen die Schuld an Mandelentzündungen, an Eiterzähnen, an Kieferhöhleneiterungen, an Gehörschäden, an Heuschnupfen und chronischem Schnupfen. — Sie verursachen die lästigen und verunstaltenden Pickel und Pigmentschäden und jede Art von Ausschlägen im Gesicht und am Hals. Sie bringen an den Armpartien Muskelschwund (Scheuermann) und Arm- und Kopfzittern (Parkinson) hervor. Hier muß nun die Behandlung mit Kohlblatt und Olivenöl einsetzen, in schweren Fällen bis zu einem halben Jahr lang. Diese Behandlung hat Patienten geheilt, die man von Nervenklinik zu Nervenklinik schleppte und sie dort als unheilbar hospitalisierte, die an schwersten Depressionen litten und lebensmüde waren. Nach 2—3 Monaten waren sie wieder lebensfrohe Menschen! Dieselbe Kur half, sofern das Leiden nicht schon zu weit vorangeschritten war, bei schweren Lähmungen, die als unheilbar erklärt worden waren. Dies betraf Kinder wie Erwachsene. — Bevor man also einen Menschen, der an Depressionen leidet, in eine Nervenklinik einweist, nehme man doch den Öltest vor und erspare so unendlich viel Leid und untragbare Kosten. Wie viele schwere Operationen wären zu vermeiden gewesen, wenn man erst den Öltest vorgenommen hätte!

Bei ständigem Kopfweh, Schlaflosigkeit, Schwindelanfällen, bei den verschiedenen Erkrankungen der Augen an grauem, grünem und schwarzem Star, bei nervösem, unerklärlichem Brechreiz und ähnlichen nervösen Beschwerden beachte man gut, was ich in meiner 2. Schrift, „Raten und Retten", unter dem Kapitel „Migräne" vermerkt habe. In solchen Fällen können wohl Schulter- und Brustinfektionen mitspielen, die Hauptursachen dieser Leiden sind aber von Schlag und Sturz herrührende Blutergüsse im Kopf oder meist durch Streß entstandener Überdruck in den Gehirnpartien.[1] —

Die Lungen- und Brustinfektionen wirken sich besonders nachteilig auf das Herz und den Blutkreislauf aus. Schwere Herzkrisen entstanden einzig durch solche manchmal bis zu 20 cm und noch tiefer liegende Infektionen. Sie vergiften die Blutbahnen und ziehen damit notwendig das in der Nähe liegende Herz in Mitleidenschaft. Es kann durch solche unerkannte Vergiftungen zu

---

[1] Es kann sich aber auch um Störungen im Zentrum X handeln, wie in „Sammeln und Sichten" zu lesen ist.

starker, unerklärlicher Abmagerung kommen, wo dann nicht selten, aber zu Unrecht, Krebs vermutet wird. Solche Infektionen sind recht oft schuld am quälenden, unaufhörlichen Husten alter Leute. Wenn Kinder ständig räuspern, reibe man ihnen die Rückenpartien und die Brustseiten ein. Die nachfolgende Rötung zeigt sofort den Herd an. Lungeninfektionen der oberen Brustteile sind mit schuld am Zittern von Armen und Händen. Oft sind auch um diese Brustinfektionen Wasseransammlungen bis über 1 Liter und mehr. Der Öltest gibt die Lage des Übels an. — Wo die Infektion tief liegt, erscheint die Rötung erst nach Minuten. — Nicht selten klagen Patienten bei den Massagen mit Olivenöl über starke Druckschmerzen. Die müssen sie aber in Kauf nehmen, wenn sie von ihrem Leiden befreit werden wollen. – Diese Infektionen können auch schwere Leberleiden verursachen. Man massiert hier aber besser vom Rücken her.

Bauchinfektionen bringen die gefürchteten Lähmungen der Beinmuskulatur, und sie sind sicher mit schuld, wenn es zu Altersbrand kommt. Auch das Zittern der Knie rührt von diesen Vergiftungen her. Nieren- und Blasenleiden und Prostataschwellungen: in vielen Fällen stehen dahinter nur solche Infektionen, welche durch Kohlblattauflagen und Olivenölmassagen beseitigt werden. Es ist klar, daß all diese Vergiftungen auch das Lymphsystem negativ beeinflussen und so die mittelbare Ursache der schweren Gicht- und Rheumaleiden werden.

Die Behandlung mit Kohlblatt und Olivenöl kann zu Hause gemacht werden und erspart einen langen, nicht selten nutzlosen Spitalaufenthalt. Ich kann es nicht verstehen, daß man sich gegen solche Erkenntnisse sperrt, wo doch die Tatsache der erfolgten Heilungen offensichtlich ist. Ich führe Beispiele von merkwürdigen Heilungen nur deswegen nicht an, um den Umfang meiner Schrift nicht über Gebühr zu vergrößern.

Ich bin lange der merkwürdigen Erscheinung der weißen Tüpfelchen und Flecken auf den Fingernägeln von Kindern und Erwachsenen nachgegangen. Meine Mutter selig sagte mir als Bub, sie seien ein Zeichen, daß es mit der Lunge nicht stimme. Dies ist nun freilich zum Teil nicht ganz richtig. Sie erscheinen immer dort, wo es mit den Lymphbahnen nicht stimmt und sie verraten sozusagen immer das Vorhandensein von Harnsäure. Ich hatte seinerzeit als Pfarrer im Religionsunterricht einen Buben, der die Nägel mit weißen Tüpfelchen übersät hatte. Eines Tages war er unruhig und ich zog ihn ein wenig an den Schläfenhaaren. Zu meiner Überraschung hatte ich ein ganzes Haarbüschel in der Hand. Heute weiß ich die Ursache: der Bub war buchstäblich mit Speck gefüttert; die Lymphbahnen waren gestaut und vergiftet, und die Harnsäure verursachte den Haarausfall! — Der arme Kerl war Kandidat für Gicht und Schuppenflechten!

NACHWORT

Warum ich meine bescheidene Schrift verfaßt habe, das habe ich eingangs dargelegt: erstens, damit wertvolle Erkenntnisse nicht verloren gehen, und zweitens, damit jene, die aus diesen Erkenntnissen Hilfe empfingen, selber in dieser Richtung fortfahren können.

Meine Ausführungen mögen freilich oft recht fragmentarisch sein; doch glaube ich, daß mein Hauptanliegen erfüllt ist, da ich doch in großen Zügen dargelegt habe, wie Kranke geheilt werden konnten, welche die Ärzte praktisch aufgegeben hatten. Es geht mir dabei auch nicht ums Rechthaben, sondern um den Dienst an der Wahrheit. Natürlich ist es einmal mit jedem Menschenleben für diese Erdenzeit aus. Aber es ist doch ein Unterschied, ob ein Mensch ständig kränkelt und die Familie oder die Gemeinschaft belastet, oder ob er gesund und froh seine Arbeit leisten kann und so manches Jahr der Gemeinschaft nützt, bis eben nach Gottes Anordnung die Uhr abgelaufen ist und der Mensch nach den Worten des „Predigers" in sein ewiges Haus geht.

Und wenn die Elendsprozession der Menschheit an meinem Geiste vorüberzieht — ich denke vor allem an die unheilbar Kriegs- und Verkehrsgeschädigten, wie ich sie oft traf — an Blinde, Gehörlose, Gelähmte, Verkrüppelte, die versucht sind, mit ihrem harten Erdengeschick zu hadern — woran ich selber glaube und was ich ihnen als einen wirklichen Trost mitgeben durfte: wir glauben an die Auferstehung des Fleisches, wo alle, die den Herrn liebten, mit dem verklärten, wiederhergestellten Leib, umgestaltet nach dem verklärten Auferstehungsleib unseres Herrn Jesus Christus, auferstehen zum ewigen Leben. Die Leiden dieser Zeit sind dann dahin, was der Tod trennte, ist wieder vereinigt, und nach der gut begründeten Anschauung der Kirchenväter und -lehrer haben alle, ob sie als Unmündige oder als Erwachsene oder als Greise aus dem irdischen Leben schieden, im blühenden Vollalter Christi, im seligen Augenblick der Ewigkeit, das ewige Leben beim Herrn. Und darum war jedes Leben, mochte es auch eine schwere Kreuzeslast tragen, sinnvoll im Blick auf die Ewigkeit.

Täglich glitt mein getreues, stets zum Dienst bereites Pendel über viele Hände hin: über die molligen, rosigen Fingerlein kleiner Kinder, die nach ihm haschten wie nach einem Spielzeug. Es glitt hin über die sich bildenden Hände von Bub und Mädchen, über zum Teil schon recht eigenwillige Hände, begleitet von Blicken, die verwundert und mißtrauisch in einem waren. Es ging hin über die vielversprechenden Hände von Bursch und Maid, welche eine ganze Zukunft in sich tragen. Es schwang über den festen, kräftigen Händen von Bauern, Handwerkern und Arbeitern, über feinnervigen Händen, welche Stift und Feder führen, über besorgte und treue Hände von Vätern und Müttern, über die zerwerkten, aber oft so wunderbar von der Arbeit geformten und geadelten Hände alter Leute, über die geweihten

Hände von Priestern, über feine Hände von Klosterfrauen, die den Ring der Bräute Christi tragen.

Hände offenbaren das Wesen eines Menschen mehr als das Gesicht. Ein Gesicht kann sich mehr oder weniger verstellen, die Hand kann es nicht. Wie das Pendel über eine Hand gleitet, so geht das Wesen dieser Hand geheimnisvoll ein in den, der das Pendel führt. Er spürt aus dem weichen Gang des Pendels ein ausgeglichenes, zum Gehorchen und Sichfügen bereites Wesen; er spürt ein verzärteltes, verspieltes, willenloses Wesen, er spürt die leidenschaftliche Sinnlichkeit einer Hand — sie spricht deutlicher noch als der sinnlich geformte Mund, als das verborgene Glühen eines gierigen Auges. Und manchmal schlägt von einer harten, nur zum Nehmen und nie zum Geben bereiten, eigensüchtigen Hand das Pendel hart zurück: in den Händen liegt die Wahrheit. Ich weiß nicht, warum mich die gefalteten, wächsernen Hände eines Toten immer mehr ergreifen als das schlafende, wachsbleiche Antlitz . . .

Noch und wieder schwingt das Pendel im Dienste so vieler leidender Mitmenschen. — Die Jahre hingebungsvoller und strenger Arbeit sind nicht spurlos am Pendler vorbeigegangen. Er arbeitet noch und noch, aber mit fühlbaren Einschränkungen. Die Bittsteller mögen dies begreifen und sich in einfachen Fällen anhand seiner Schriften behelfen. So kann er hoffen, noch oft mit guten Ratschlägen zur Ehre Gottes und zum Wohle vieler Menschen wirken zu dürfen.

P. Thomas Häberle OSB

ANHANG

„Der Gerechte erbarmt sich auch des Viehs", lesen wir in der Hl. Schrift. In der Tat: Wie jemand die Tiere behandelt, wird er es auch den Menschen gegenüber tun.

Es kam gar nicht so selten vor, daß mich meine zahlreichen Bekannten nicht nur wegen Krankheiten im Haus, sondern auch wegen Erkrankungen im Stall um Rat fragten. Mit diesem kurzen Anhang möchte ich einige wenige Hinweise geben, wie man auch kranken Haustieren, besonders dem Rindvieh, helfen kann.

Vorausgehend ist zu bemerken, daß die meisten Organe unserer Haustiere in vielem einen ähnlichen Bau haben wie die des Menschen. So kann, was dem Menschen hilft, in nicht wenigen Fällen auch den Tieren helfen. Natürlich ist immer die richtige Diagnostizierung der Krankheit die Voraussetzung.

Leichte Geschwülste und Wassersäcke sowie lokale, ungefährliche Infektionen beseitigen bei ausdauernder Anwendung kräftige Einreibungen mit Olivenöl. Hier genügen Einreibungen jeden zweiten Tag. Bei den Tieren wird die Haut nicht abgetrocknet, das Fell bleibt dann längere Zeit feucht.

Bei trächtigen Kühen achte man besonders auf die Nierentätigkeit. Ich lasse immer spätestens einen Monat vor dem Kalben bei jedem Verdacht auf Nierenstörungen die Nierengegend mehrmals mit Olivenöl einreiben.

Trächtige Kühe, die an schwacher Bauchmuskulatur leiden und bei denen der Tragsack einsinkt, reibe ich den hinteren Rücken und die Flanken mehrmals gut mit Olivenöl ein. Dies kräftigt vor allem die Muskulatur, daß sie wieder anzieht.

Wo Tiere nicht mehr recht fressen und die Ursache eine Darmentzündung ist (man spürt die Hitze gut an den befallenen Stellen), reiben wir 3mal wöchentlich reichlich mit Olivenöl ein. Dazu geben wir auch reichlich lauwarmen Brennesseltee zu trinken. Diese Kur braucht aber 1—2 Monate. So konnten wertvolle Tiere vor der Schlachtbank gerettet werden.

Bei Bronchitis und Lungenentzündung (man spürt es am harten Schnaufen der Tiere!) reibe man die Brust bis zum Ansatz der Vorderbeine 3 mal in der Woche kräftig mit Olivenöl ein und gebe den kranken Tieren reichlich 2/3 Brusttee und 1/3 Stechpalmentee zu trinken. Man merke sich dies auch für kranke Schweine: Bei Lungenentzündung kann man nie zu viel von diesem Tee verabreichen. Diese Kur senkt das Fieber bald und die Tiere werden wieder gesund.

Bei Blähungen habe ich folgendes mit Erfolg angewendet: Brennesseltee und eingemischt einige Eßlöffel Kohlepulver (Charbon du Dr. Belloc). Die Kohle absorbiert rasch und wirksam die Gase und desinfiziert Infektionen im Verdauungsapparat.

Ein Kälblein bekommt die gefürchtete Kälberlähmung! Wenn nicht sofortige Hilfe eintrifft, ist jede Mühe zu spät. Sobald sich bei einem wenige Tage alten Kälblein die Anzeichen des Durchfalls zeigen: sofort den Hinterkopf, besonders hinter den Ohren, kräftig mit Olivenöl einreiben! Dies muß täglich geschehen. Wir stellen beim Einreiben dann eine gewaltige Hitze fest. Zugleich gibt man dem kranken Tier möglichst oft, vielleicht alle 2 Stunden, Brennesseltee und eingerührt 2—3 Eßlöffel Kohlepulver zu trinken. Die Milch muß erst gekocht werden, sofern man ein wenig Milch verabreichen will und in diese Milch mischt man etwas Hafermehl. Man mische in die Milch auch etwas Brennesseltee. Zu Beginn der Krankheit sei man besonders sparsam mit der Milch. Nach wenigen Tagen hört der Durchfall auf und das junge Tier kommt bald wieder zu Kräften. Hafermehl, längere Zeit in den Trank gerührt, ist ein sehr wirksames Aufbaumittel.

Bei triefenden Augen (Tränenkanalentzündungen und -verstopfungen) wäscht man mehrmals die Augen des Tieres mit leichtem, lauwarmem Salzwasser.

Wie man ungesunde Ställe gegen die unterirdischen Wasserstrahlen isoliert, habe ich dargelegt, als ich von den Wasseradern sprach (Seite 42).

ERGÄNZUNG ZU DEN AUSFÜHRUNGEN AUF SEITE 45:

Wirkung der Abschirm- und Entstörungsgeräte

Hat ein Radiästhet ein Abschirm- oder Entstörungsgerät richtig gelegt, so kann jedermann sich davon überzeugen, daß das Gerät wirkt, wenigstens sichtbar nach außen, denn Rutenausschlag und Pendelschwingung sind tatsächlich unterbunden. Öltanks und Zentralheizungen, auch andere große Behälter mit Wasser, Wein usw., oder Kohlenlager können nicht entstört werden. Jede Wohnung darüber, selbst im höchsten Stockwerk, bleibt bestrahlt. Ein unaufrichtiger Radiästhet kann auch hier eine Täuschung vormachen: Wie in den Tests für Rutengänger und Pendler gezeigt wurde, folgen Rute und Pendel ihrem „Herrn" wie ein folgsamer Hund. So kann also ein Radiästhet sein Gerät, das Öltanks usw. entstören soll, legen und durch den darüberliegenden Raum schreiten, wobei er seinen Instrumenten Rutenausschlag und Pendelschwingung verbietet, und tatsächlich unterbleiben sie auch. Ich wurde selbst erst vor kurzer Zeit in eine Wohnung gerufen, die über Öltank und Heizung liegt. Ich gestand der Familie, daß es bis heute kein Gerät gibt, das Räume, die über Öltank und Heizung liegen, entstören kann. Einige Wochen später bat mich die Familie, ich möge nachprüfen. Meine Rute und mein Pendel zeigten wie früher, daß das ganze Zimmer über der Ölheizung stark bestrahlt war. Jetzt gestanden mir die Leute, daß ein Hausierer mit seinem Gerät gekommen sei und die Wohnung doch entstört habe. Um ihnen dies zu zeigen, sei er, nachdem er sein Gerät gelegt hatte, mit langen Schritten durch die Wohnung gegangen, und Rute und Pendel hätten die Entstörung bewiesen, da es weder Rutenausschlag noch Pendelschwingung gab. Also Vorsicht vor Scharlatanen, die im Lande herumziehen und Leute um ihr Geld prellen! (Aus dem Buch „Strahlenfühligkeit – Umgang mit Rute und Pendel“ von P. Ernst Hoch PA, Veritas-Verlag, Linz 1983.)

INHALTSVERZEICHNIS

Bücher des Kräuterpfarrers

Hermann-Josef Weidinger
Guter Morgentip vom Kräuterpfarrer
448 Seiten, 383 farbige Abbildungen, gebunden

Ein besinnliches und zugleich vergnügliches Lehrbuch vom Leben und von der Natur, das für jeden Tag des Jahres eine Fülle von Lebensweisheiten, Kräutertips und Anregungen zu einer bewußten Umweltgestaltung bereithält.

Hermann-Josef Weidinger,
Kräuter für die Seele
383 Seiten, 44 Farbfotos, gebunden

Kräuter üben einen ungeahnten Einfluss auf unseren Charakter und unsere Seelenstimmung aus – und jeder kann sich ihrer heilenden Eigenschaften bedienen: Der „Kräuterpfarrer" lädt dazu ein, 44 Kräuter – von Dost bis zum Baldrian – näher zu betrachten.

Das Werk des Heilpraktikers

Die drei Bücher von Pater Thomas Häberle sind Standardwerke der Naturheilkunde. In vielen Fällen haben die Behandlungen mit Olivenöl, Kohlblattauflagen, Meersalz und Tee geholfen. Verkaufte Auflage: mehr als 500.000 Exemplare.

Radiästhesie

P. Ernst Hoch
Strahlenfühligkeit
136 Seiten, Broschur

Pater Ernst Hoch gibt genaue Anweisungen zum Erlernen der Arbeit mit Rute und Pendel. Er erklärt die wichtigen Begriffe und bewertet die verschiedenen Anwendungsmöglichkeiten des Rutengehens.

Von einem anerkannten Experten auf den neuesten Stand der Forschung gebracht, enthält dieses Buch alles Wissenswerte über Strahlen und die Anwendung der Gabe der Fühligkeit zum Wohl der Menschen.

NP